Relações Públicas:
a construção da responsabilidade histórica e o resgate
da memória institucional das organizações

Paulo Nassar

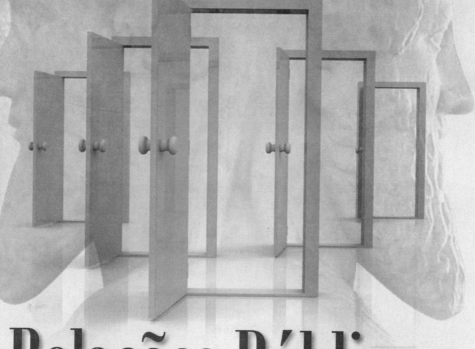

Relações Públicas:
a construção da responsabilidade histórica e o resgate
da memória institucional das organizações

3ª edição

Copyright © 2007 Difusão Editora e Editora Senac Rio.
Todos os direitos reservados.

Proibida a reprodução, mesmo que parcial, por qualquer meio e processo, sem a prévia autorização escrita da Difusão Editora e da Editora Senac Rio.

ISBN 978-85-7808-115-7

Código DRELT25E3I1

Editoras	Michelle Fernandes Aranha e Elvira Cardoso
Gerência de produção	Genilda Ferreira Murta
Coordenação editorial	Gabriela Torres Zimmermann e Karine Fajardo
Preparação do texto	Waldemar Luiz Kunsch
Revisão	Cláudia Amorim, Michele Paiva e Rodrigo Cogo
Projeto gráfico e editoração	Farol Editorial e Design
Capa	Marco Murta, com ilustração da iStockPhoto

Dados Internacionais de Catalogação na Publicação (CIP)
(Câmara Brasileira do Livro, SP, Brasil)

Nassar, Paulo
   Relações públicas: a construção da responsabilidade histórica e o resgate da memória institucional das organizações/Paulo Nassar. – 3. ed. – São Caetano do Sul, SP: Difusão Editora; Rio de Janeiro, RJ: Editora Senac Rio, 2012.

Bibliografia.
ISBN 978-85-7808-115-7

1. Comunicação na empresa 2. Comunicação nas organizações 3. Empresas – História 4. Relações públicas I. Título

12-01394   CDD-659.2

Índices para catálogo sistemático:
1. Relações públicas e história empresarial : Administração de empresas   659.2

Impresso no Brasil em maio de 2012

SISTEMA FECOMÉRCIO-RJ
SENAC RIO
Presidente do Conselho Regional: Orlando Diniz
Diretor do Senac Rio: Julio Pedro
Conselho Editorial: Julio Pedro, Eduardo Diniz, Vania Carvalho, Wilma Freitas, Manuel Vieira e Elvira Cardoso

Editora Senac Rio
Rua Marquês de Abrantes, 99/2º andar – Flamengo
CEP 22230-060 – Rio de Janeiro – RJ
comercial.editora@rj.senac.br – editora@rj.senac.br
www.rj.senac.br/editora

Difusão Editora
Rua José Paolone, 72 – Santa Paula – São Caetano do Sul – SP – CEP 09521-370
difusao@difusaoeditora.com.br – www.difusaoeditora.com.br
Fone/fax: (11) 4227-9400

COM CARINHO

À Fernanda Leonardo
e aos meus filhos:
Ana Leonardo,
Pedro Leonardo e
Gabriela Leonardo.

A atomização de uma memória geral em memória privada
dá à lei da lembrança um intenso poder de coerção interior.
Ela obriga cada um a se relembrar e a reencontrar
o pertencimento, princípio e segredo da identidade.
Esse pertencimento, em troca, o engaja inteiramente.

Pierre Nora

Resgatar a memória e recontar a história é ressignificar o olhar.

Sonia Kramer

A ideia de que nossa memória tem valor social
nos potencializa como agentes de nossa própria história
e também de nosso grupo.

Portal do Museu da Pessoa

Sumário

Prefácio 13
Margarida M. Krohling Kunsch

Introdução
A ressignificação do olhar 19
  Relações públicas perante a nova ordem organizacional 21
  Os caminhos da responsabilidade histórica 25
  Olhando para trás, para a frente, para todos os lados 28

Capítulo 1
Uma visão crítica e abrangente das relações públicas 31
  1.1 A dimensão política das relações públicas 34
    1.1.1 Conformação da democracia 36
    1.1.2 Formação da opinião pública 40
    1.1.3 Construção de relacionamentos 45
  1.2 Relações públicas e relações humanas 48
  1.3 Relações públicas e redes de valor 57
  1.4 Relações públicas e protagonismo social 60

Sumário

Capítulo 2
Relações públicas na gestão das mediações organizacionais... 69
2.1 Um campo de espectro amplo 70
    2.1.1   Relações públicas e jornalismo empresarial......... 72
    2.1.2   Relações públicas e assessoria de imprensa 81
2.2 A abrangência das relações públicas 83
    2.2.1   Dimensões relacionais das organizações 86
    2.2.2   A dimensão histórica das
           relações organizacionais 89
2.3 A afirmação das relações públicas brasileiras 92
    2.3.1   Relações públicas e os perfis profissionais
           emergentes 94
    2.3.2   Fronteiras conceituais das relações públicas 97
    2.3.3   A pluridisciplinaridade como riqueza 103

Capítulo 3
Relações públicas e a construção da história empresarial 111
3.1 Questões sobre história e memória 117
3.2 Memória organizacional e história 120
3.3 Memória no contexto social e organizacional 127
3.4 Memória organizacional e relações públicas 130
    3.4.1   A memória no marco da administração 133
    3.4.2   Memória empresarial como estratégia de
           relações públicas 139
3.5 Relações públicas e história empresarial no Brasil 146
3.6 Protagonismo da Aberje nas questões da
    memória organizacional brasileira 151
3.7 A emergência do *storytelling* nas organizações 154

Capítulo 4
Memória e história empresarial no Brasil 165
4.1 História como marco referencial das organizações 165
    4.1.1   Memória dos Trabalhadores da Petrobras......... 166
    4.1.2   Vale Memória 167

Relações públicas

4.1.3 BNDES das Pessoas 168
4.1.4 Centro de Memória Bunge 168
4.1.5 Pfizer – "Nossa história, nosso orgulho" 169
4.1.6 Memória Empresarial da Belgo-Mineira 169
4.1.7 CBMM – História das profissões em extinção. 170
4.1.8 Centro de Documentação e Memória
       Whirlpool Latin America 170
4.1.9 Núcleo de Cultura Odebrecht 171
4.1.10 Centro de Documentação de Memória
        Corn Products 172
4.1.11 Grupo Pão de Açúcar – Espaço Memória 172
4.1.12 Memória Votorantim 173
4.2 As empresas brasileiras zelam por sua memória? 174
4.3 Responsabilidade histórica no Brasil 178
  4.3.1 As empresas pesquisadas têm um perfil
         diversificado 178
  4.3.2 Empresas mais antigas têm programas mais
         estruturados 180
  4.3.3 A importância dos programas é reconhecida
         pela maioria das empresas 182
  4.3.4 Fotos e documentos são o material histórico
         mais coletado 184
  4.3.5 Relatos de funcionários antigos constituem
         os depoimentos prioritários 185
  4.3.6 Livros, vídeos e exposições são os principais
         produtos de registros históricos 186
  4.3.7 Profissionais de comunicação lideram
         os projetos de história 188
  4.3.8 Relações-públicas, os profissionais
         mais presentes 189
  4.3.9 A participação dos historiadores na
         construção dos programas 190
  4.3.10 Equipes internas selecionam as informações
          do acervo histórico 191

Sumário

4.3.11 Programas de história empresarial têm
vida longa e futuro promissor 192
4.3.12 Disponibilização dos acervos históricos 194
4.4 Perspectivas para as relações públicas, comunicação
organizacional e história empresarial 195

Considerações finais
Princípio e segredo da identidade 201
Uma resposta às questões de Alina 202
A metáfora de Jano 206

Bibliografia 213

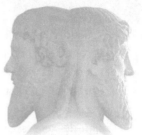

Prefácio

O livro *Relações Públicas: a construção da responsabilidade histórica e o resgate da memória institucional das organizações*, de Paulo Nassar, tem o grande mérito de reunir fundamentos conceituais sobre um tema ainda pouco estudado no Brasil e de registrar experiências de empresas que já perceberam a relevância de se investir em projetos de recuperação e preservação de sua história. Por isso, esta obra será extremamente útil não só para o meio acadêmico, mas também para o mercado profissional.

Resultado da tese de doutorado defendida na Escola de Comunicações e Artes da Universidade de São Paulo (ECA-USP), em 2006, sob minha orientação, o livro abrange um estudo teórico e metodológico sobre as relações públicas, fundamentado em literatura rica e abrangente, além de pesquisa empírica realizada em grandes empresas situadas no território nacional.

Antes de analisar as possibilidades dessa nova frente de atuação das organizações na construção da sua responsabilidade histórica e na preservação do seu patrimônio intelectual, o autor brinda os leitores com considerações sobre uma nova forma de olhar as relações públicas. Ao tratar os diferentes aspectos desse campo, seu papel nas organizações, sua dimensão política e o pragmatismo social tão presente na atividade, ele foge do lugar-comum das abordagens acadêmicas e profissionais.

Prefácio

A singularidade do estudo de Nassar não está em chamar atenção para o uso das técnicas e dos instrumentos de relações públicas nos projetos de construção e divulgação de memória institucional e da história empresarial, mas em mostrar como essas iniciativas, que envolvem altos investimentos, podem contribuir para que as organizações se conscientizem de sua responsabilidade histórica e seu compromisso social. Elas têm uma história que está sendo construída diariamente e que precisa ser documentada e conhecida pela sociedade.

As organizações, mais que unidades econômicas, são unidades sociais. Como integrantes de determinada comunidade local, preservar sua memória é contribuir também para a preservação da cultura de um país. Não se pode limitar o trabalho de relações públicas apenas a contar e divulgar os feitos e as realizações das organizações. Estas precisam ser conscientizadas de sua responsabilidade para com a sociedade e de seu compromisso com a sustentabilidade.

As organizações fazem parte do macrossistema social, do qual "importam" as mais diversas energias, transformando-as em bens, produtos ou serviços que depois "exportam" para a mesma sociedade. Elas devem retribuir de alguma forma a matéria-prima que retiram da sociedade e prestar contas de suas ações, contribuindo para a sustentabilidade da sociedade como um todo. Precisam assumir seu papel social, não se isolando do contexto em que estão inseridas ou usufruindo da comunidade apenas para aumentar os lucros. O resgate e o registro de sua história possibilitam visibilizar qual foi e qual está sendo o seu compromisso social público.

A pesquisa de campo realizada pelo autor denota a riqueza e a abrangência do trabalho que vem sendo realizado por muitas empresas no tocante à preservação da memória institucional. Fica evidente que os profissionais de comunicação lideram essa atividade, mostrando a abrangência das iniciativas e dos produtos gerados pelos projetos de memória empresarial. Os resultados alcançados e todo o material produzido (livros, vídeos, exposições, portais especiais, eventos, revistas etc.) sinalizam que se trata de uma ação integrada por vários agentes, oriundos não só do campo da comuni-

Relações públicas

cação social, mas também de muitas outras áreas de conhecimento e de práticas profissionais. Esse trabalho constitui uma verdadeira "mestiçagem", como Paulo Nassar gosta de se referir à visão de uma comunicação organizacional integrada.

Acredita-se que somente com uma filosofia e uma política de comunicação integrada as organizações conseguirão passar para a sociedade o que estão fazendo e provar, mediante ações concretas e relatos documentais, que seus compromissos ultrapassam as fronteiras do lucro e dos interesses individuais dos proprietários, acionistas e investidores. Nessa direção, os centros de memória podem ser excelentes instrumentos de comunicação.

As relações públicas, vistas sob a ótica interdisciplinar, propiciam essa integração da comunicação, por meio de uma poderosa atuação no âmbito da comunicação institucional, da comunicação administrativa e da comunicação interna, bem como na interação com a comunicação mercadológica. Dessa forma, tornam-se muito mais abrangentes e muito mais eficazes os mecanismos de busca de aceitação social para uma organização.

Esta obra de Paulo Nassar vem coroar a brilhante trajetória que ele tem construído até o momento. Incansável batalhador do campo da Comunicação Social no Brasil, quer como presidente da Associação Brasileira de Comunicação Empresarial (Aberje), quer como escritor, pesquisador e professor, sua vida acadêmica e no mercado profissional das comunicações tem sido marcada por inúmeras iniciativas inovadoras. Paulo é uma figura empreendedora, que consegue enxergar mais longe e vislumbrar novos caminhos. Sua contribuição para o avanço do campo da comunicação organizacional no Brasil tem sido notória e reconhecida pelo mercado profissional e pelo meio acadêmico. O pioneirismo de seu estudo sobre o tema central da presente obra vem somar-se a isso tudo.

Este livro se reveste da maior relevância na contemporaneidade, quando os profissionais e pesquisadores de relações públicas e de comunicação organizacional são incentivados a encontrar novos caminhos para atuação. A visão míope da centralização de esforços na assessoria

Prefácio

de imprensa está com os dias contados. Deve-se buscar novas alternativas e enfrentar novos desafios em uma sociedade complexa e um mercado altamente competitivo como o de hoje. Coragem e ousadia são também ingredientes importantes para sairmos do lugar-comum.

Os leitores certamente serão agraciados pela originalidade com que o autor conseguiu trabalhar conceitualmente temas distintos de forma tão conectada e, ao mesmo tempo, tão bem aplicada à realidade empresarial e social. Sobretudo, se surpreenderão ao ver que existem novas perspectivas para atuação das relações públicas nas organizações e que estas precisam ser descobertas e incorporadas. Acompanhar a dinâmica da história, registrando-a para as futuras gerações, possibilitará às organizações um novo olhar sobre si mesmas e a conscientização de sua responsabilidade e do seu compromisso com a sociedade. A comunicação organizacional integrada, com uma efetiva mediação das relações públicas, como nos ensina Paulo Nassar na presente obra, tem tudo a ver com isso.

Margarida M. Krohling Kunsch
Professora titular e pesquisadora da Escola de Comunicações e Artes
da Universidade de São Paulo (ECA-USP)
Ex-presidente da Associação Brasileira de Pesquisadores de Comunicação
Organizacional e de Relações Públicas (Abrapcorp)

As discussões relativas à formação do comunicador social podem ser reduzidas, grosso modo, a apenas duas vertentes: (o especialista e o generalista).
O especialista poderia ser identificado como aquele profissional que atua num microcosmo, raciocina com base em esquemas conceptuais particulares, válidos apenas em seu microcosmo, sempre dentro de um quadro ou de uma metodologia específicos, isto é, por natureza desaparelhado para os juízos críticos, éticos e de valor, exigidos na interação de sua especialidade com o macrocosmo, a sociedade.
O generalista ao contrário, à mercê da formação humanística, estaria mais capacitado a proceder a julgamentos de valor, habilitado que fora pelo domínio de uma gama de informações desestruturadas diante de um microcosmo, mas que se interligam no contexto macro.
O especialista examina (e conhece) o indivíduo; o generalista, a espécie, a sociedade, vale dizer, o indivíduo em seu relacionamento político-social.

Roberto Amaral Vieira
Advogado, jornalista , cientista político,
professor e escritor

Introdução

A ressignificação do olhar

O que acontece com sapatos, meias, roupa íntima, creme de barbear, blocos de notas, lápis, lenços dos mortos? Que mãos decidem o que jogar no lixo e o que enfiar em um envelope e guardar numa gaveta? Que tipo de coração é preciso para se livrar dessas coisas sem remorso, como se fossem latas de cerveja vazias?

As pungentes perguntas de Alina ao rememorar a morte de seu pai no belíssimo romance *Casa rossa*, da escritora italiana Francesca Marciano (2002, p. 103), têm muito a ver com a presente obra, que se baseia em tese de doutorado apresentada à Escola de Comunicações e Artes da Universidade de São Paulo (ECA-USP), no final de 2006. O objetivo era identificar o resgate da memória e a construção da história organizacional como um novo campo que se abre para as relações públicas no contexto de sua constante evolução ao longo do primeiro centenário de existência oficial, comemorado exatamente em 2006.

Na última década do século passado, presenciamos em nosso país uma verdadeira ameaça a centenas de acervos de importantes organizações e descobrimos que, para elas, seus integrantes, suas tecnologias e

A ressignificação do olhar

suas histórias eram consideradas coisas mortas; um passado destituído de qualquer valor. Tudo isso é fruto da implantação descuidada e inculta de inovações muitas vezes focadas apenas em resultados quantitativos. Muitas dessas organizações se inspiravam no *management* japonês e norte-americano, principalmente no programa 5S, que em seu manejo prevê, como um dos primeiros rituais, o descarte de "coisas velhas" pelos empregados das empresas que implantam esse tipo de metodologia. Assim, nos anos 1990, simplesmente se jogaram no lixo milhares de documentos, fotografias, máquinas e objetos, sem nenhuma preocupação com a preservação da memória organizacional.

Diante disso, era preciso perguntar, tal como a personagem de Francesca Marciano, qual seria o papel das relações públicas e de seus profissionais perante a potencial destruição de parte fundamental de identidades e de histórias de organizações e de milhares de seus empregados. Para compreender a indagação, é preciso lembrar que o quadro tenso que envolvia as relações públicas e a comunicação organizacional começou a mudar, de forma visível, a partir do início da década de 1980, no movimento de redemocratização do Brasil. Foi nesse contexto histórico que se passou a compreender a necessidade de as organizações olharem a comunicação com a sociedade e os seus públicos de maneira que incluísse todos os elementos do processo. Além disso, aquele momento de retorno à democracia em nosso país também obrigou os empresários a repensar seus papéis diante dos questionamentos da sociedade, que exigia mais transparência em suas atividades.

Não mais era possível ver a comunicação somente quanto aos canais empregados ou como forma de autoprojeção das organizações, ou seja, para um relacionamento e uma comunicação excelentes não bastava apenas produzir jornais, revistas e outros meios aceitáveis. Na nova realidade que despontava, a qualidade dos emissores e de suas ações, bem como outros aspectos a eles inerentes e motivações intrapessoais, também passavam a ser referência profissional fundamental. Para viabilizar um empreendimento, não mais era suficiente oferecer bons produtos e contar com clientes que os adquirissem. Era necessário também ter uma administração sensível às mudanças políticas e históricas que

Relações públicas

ocorriam no ambiente da organização. Mais ainda, era preciso dispor de relações-públicas e comunicadores capacitados para compreender o significado das mudanças.

Aquele momento de transição histórica se vê cristalinamente ilustrado com o que se postulava dos assessores de imprensa e dos relações-públicas na página de abertura do Plano de Comunicação Social da Rhodia, de 1985. Este preconizava a adequação aos novos tempos, em que o assessor de relações públicas devia deixar de ser um mero promotor de festas, o assessor de imprensa não mais podia restringir-se à redação e expedição de *press releases* e os especialistas em comunicação mercadológica tinham de abandonar seus guetos e integrar-se aos objetivos globais da organização. Todas essas áreas passavam a ser instrumentos políticos das estratégias da empresa em virtude do processo de formação da opinião pública (Valente e Nori, 1990).

Destaca-se também que, em 1989, quatro anos após a extinção da ditadura militar brasileira, caía por terra outro muro, o de Berlim, o que liberou um bom número de nações da União das Repúblicas Socialistas Soviéticas (URSS) e enfraqueceu, por aqui, os defensores remanescentes de um governo voltado para o planejamento centralizado da economia, o que reforçou as posições dos adeptos da democracia consensual e da economia de mercado.

Relações públicas perante a nova ordem organizacional

Além desses fatores, um pouco à frente, já na década de 1990, a reestruturação das forças produtivas brasileiras também teria influência significativa na transformação do pensamento e das atividades das relações públicas e da comunicação organizacional. A necessidade de as empresas brasileiras manterem e ampliarem os seus mercados no exterior e, ao mesmo tempo, enfrentarem de forma crescente e cada vez mais agressiva os concorrentes internacionais, nas gôndolas e nos pontos de venda internos, as impelia a promover mudanças no mundo do trabalho.

A ressignificação do olhar

Era preciso, por exemplo, mais que nunca, procurar angariar, para seus processos e seus produtos, as certificações internacionais de qualidade estabelecidas pela International Organization for Standardization (ISO), com sede na Suíça, que criou e administra uma série de normas relacionadas com os sistemas de gerenciamento da produção e de atendimento às exigências do cliente. A amplitude das ações para a conquista dessa qualidade por parte das organizações chegava ao envolvimento de milhões de trabalhadores, muitos deles com baixo nível de escolaridade. Luiz A. Rico Vicente (1999, p. 32), na época presidente da Aço Minas Gerais, relata, de forma ilustre, como se enfrentaram esses novos desafios no processo que consolidou, em 1993, a privatização da empresa hoje pertencente ao Grupo Gerdau. Antes, a comunicação da Açominas, uma organização governamental, era corporativista e paternalista; depois, ela teve de se envolver com a forma mais adequada de divulgar as demissões e, principalmente, com o problema de educação do pessoal de fábrica que ficou. Dos que ficaram, 25% não tinham sequer concluído o ensino fundamental e 23% não haviam cursado o ensino médio. Nesse momento, a solução foi instaurar um processo de comunicação de mão dupla, no qual os trabalhadores deixariam de ser vistos como meros autômatos: que faziam o que lhes era mandado, mas não entendiam nada do que se queria com a empresa.

Esses movimentos macroeconômicos e microeconômicos também trouxeram consigo mudanças nas matrizes comunicacionais graças à massificação dos computadores pessoais, dos modems discados, dos aparelhos de fax, o que, em muitos lugares, teve início já no final da década de 1980 e início dos anos 1990. Com essas novas tecnologias, promoveu-se a interatividade e a velocidade foi acelerada na disseminação de mensagens, tudo em escala global. Tais atributos potencializaram a articulação de públicos mais amplos em termos econômicos e políticos, num leque que abrangeu a imprensa nacional e estrangeira, consumidores, comunidades, acionistas, sindicatos, fornecedores e autoridades, entre outros. O destaque entre essas matrizes comunicacionais ficaria com a internet, cuja utilização fora da área acadêmica, no Brasil, se acentuaria a partir do final de 1994.

Relações públicas

Essas articulações entre os públicos ganharam importância estratégica por uma série de razões. Os consumidores podem pressionar as empresas por fatores que ultrapassam os parâmetros básicos de produto, preço, praça e comunicação de marketing. Também os acionistas cobram delas dados de toda ordem, e as agências reguladoras exigem eficiência e qualidade dos serviços públicos. Além disso, as comunidades, as organizações não governamentais e os partidos políticos reivindicam informações sobre sua relação com o meio ambiente, por exemplo. Como resultado de tudo isso, faz-se mais do que necessário o engajamento dos trabalhadores para o sucesso de inúmeras metas de gestão, como a conquista de certificações de qualidade e as reengenharias (Nassar e Bernardes, 1998, p. 3).

Uma empresa que se viu envolvida por pressões sociais desse tipo foi, por exemplo, a Telefónica, grupo espanhol que, nas privatizações ocorridas em 1998, adquiriu as concessões públicas da Telecomunicações de São Paulo S.A. (Telesp) e da Companhia Telefônica Borda do Campo (CTBC), em São Paulo. Sem nenhum planejamento de relações públicas e de comunicação organizacional, ela mudou as cores de milhares de "orelhões", que passaram de laranja e azul para verde-limão e azul, além de ter sido alvo de milhares de reclamações perante instituições como a Fundação de Proteção e Defesa do Consumidor (Fundação Procon), em razão de baixa qualidade dos serviços oferecidos. A conjuntura criada a impeliu, em 1999, a buscar entender melhor seu papel como empresa privada no gerenciamento de uma concessão pública, a definir uma política de comunicação única, a adotar conceitos válidos para todos os públicos, a fortalecer a imagem institucional do grupo e de suas operadoras, a procurar maior eficiência nas ações de comunicação voltadas a seus públicos, tudo isso, também, com o objetivo de agregar valor aos negócios (Telefónica, 1999, p. 21).

É perceptível que os redesenhos políticos, econômicos, tecnológicos e culturais por que passaram as empresas brasileiras estremeceram principalmente a confiança dos empregados. Os temores causados nestes em razão das demissões em massa, da reengenharia de estruturas, do *downsizing*, da implantação de novos processos, da inovação de produtos etc. minaram seu comprometimento com as organizações. Isso dificultou extremamente a tarefa de mantê-los envolvidos com sua causa, por

A ressignificação do olhar

meio de ações comunicacionais, além de ter refletido sobre os demais públicos, obrigando as empresas a reforçar os seus relacionamentos, principalmente aqueles construídos ao longo de sua trajetória histórica. Esse cenário fica ainda mais complexo a partir do final da primeira década dos anos 2000, diante do alastramento do acesso à internet e da oferta de plataformas de produção e difusão digitais de conteúdo – como os blogs, microblogs e redes sociais on-line. O surgimento de múltiplos protagonistas, que querem fazer valer sua vontade e seu poder de expressão para grupos localizados ou para grandes massas de pessoas, dá o tom dessa nova ordem organizacional. As organizações passam a enfrentar o que denomino "guerra de narrativas", em que

> as suas histórias e estórias são transformadas pelos seus comunicadores cotidianamente em mensagens mercadológicas, operacionais e institucionais – a essas mensagens "profissionais" soma-se uma constelação de mensagens geradas no contexto das cadeias de relacionamentos ligados à gestão e aos atendimentos. Uma realidade abrangente em que todos estão relatando, em tempo real, para a sociedade e mercados sobre o que é a empresa, seu ideário, suas pessoas, seus dirigentes e produtos. Nesse embate é frequente a narrativa da empresa não concordar ou concorrer com as narrativas dos outros (Nassar, 2011a, on-line).

Como assinalado (Nassar 2010b, on-line), "a produção massiva de informação em tempo real é uma das consequências da fixação ao presente. Portanto, diante de tantas notícias, nada é relevante e a produção de memória se faz cada vez mais improvável". Com isso, comunicadores veem sérios problemas na aderência dos conteúdos transmitidos e dialogados, já que "vivemos dentro de uma grande máquina de esquecimento. Nela, o hábito é produzir enlouquecida e velozmente informação" (Nassar, 2008b, on-line), com notícias efêmeras e fugazes que fogem da interpretação e de uma possível geração de conhecimento – só visam estimular produtividade e consumo, nos deixando na triste condição de prisioneiros do momento, do instante (Nassar, 2008b, on-line). Os territórios afetivos e organizadores de nossas vivências – as nossas arquiteturas da memória – estão embaralhados ou extintos pela geração de tanta informação.

24

Relações públicas

Nesse raciocínio, mesmo conceitos tidos como consolidados, como *stakeholders*,[1] passam por questionamento. O novo social é formado, na verdade, por *moveholders*, as partes interessadas que se agrupam em redes sociais, blogs, *flash mobs*, entre outras formas de comunicação digital e híbrida (digitais e analógicas), e que não são apreendidas pelas velhas segmentações, que trazem um sentido de desempenho de papéis estanques (Nassar, 2010a, p.21).

Diante do enfraquecimento das formas tradicionais de relações públicas e de comunicação com o objetivo de envolver os empregados e outros públicos, a história organizacional começou a se afirmar como uma nova perspectiva para o reforço, principalmente do sentimento de pertencimento dos empregados como protagonistas fundamentais das realizações, dos bens, dos serviços e da própria sustentação dos empreendimentos. É claro que isso se acha condicionado a uma visão do empregado como sujeito e não como objeto do processo de comunicação, deixando os trabalhadores de ser receptores passivos para se tornarem atores envolvidos e participantes. A comunicação com os empregados seria menos instrumental e mais mediadora, menos normativa e mais de proposição (Souza, 2004, p. 95). É a memória dando sentido a conceitos, pessoas, espaços e relações, e criando esse senso de pertencimento, saindo da constatação de que as relações são muito técnicas e pouco éticas e estéticas.

Os caminhos da responsabilidade histórica

Em 1997, foi feita uma aposta na nova perspectiva que entревíamos para a união entre as relações públicas, a comunicação organizacional

---

1. A palavra *stakeholders* não tem tradução literal para a língua portuguesa. O uso do termo é relativamente recente e começou a ser difundido na literatura de administração e governança corporativa a partir da publicação, em 1984, da obra *Strategic Management: a stakeholder approach*, de Edward Freeman. A intenção era propor uma visão mais ampla e inclusiva do papel e do propósito das empresas na sociedade do que a doutrina até então vigente e, com isso, levantar duas questões: de quem são os interesses que estão sendo atendidos e os de quem deveriam ser atendidos.

A ressignificação do olhar

e a história organizacional na direção de projetos que reforçassem o ambiente democrático dentro das organizações brasileiras. Com esse objetivo, em parceria com o jornalista e antropólogo Rodolfo Witzig Guttilla, na época gerente de comunicação do Grupo Brasmotor, detentor das marcas brasileiras *top of mind* Brastemp e Consul, comecei a planejar ações que discutissem, no âmbito da Associação Brasileira de Comunicação Empresarial (Aberje), as imbricações entre as três áreas.

Guttilla criou na Brasmotor um Centro de Documentação e Memória e o Museu do Eletrodoméstico, além de ter editado, em 1997, o livro *Entrevistas, cartas, mensagens e discursos – 1994-1997*, coordenado por Hugo Etchenique, filho de Miguel Etchenique, um dos fundadores do grupo. A Aberje, concomitantemente, deu curso a outras tantas iniciativas, destacando-se, entre elas, os encontros internacionais de museus empresariais, em 1999, 2000, 2001 e 2003, tendo o segundo contado com a presença de Paul Thompson, historiador inglês considerado o "pai da história oral". As reflexões acumuladas resultaram na publicação do livro *Memória de empresa: história e comunicação de mãos dadas, a construir o futuro das organizações* (Aberje, 2004). Um dos principais objetivos da entidade, nesse campo, é demonstrar a importância da história como processo de autoconhecimento das organizações, o que promoverá o entendimento de suas origens e sinalizará caminhos para o futuro, mas, principalmente, pontuará sua responsabilidade e registrará seu legado para a comunidade (Damante, 2004, p. 28).

Essa compreensão, pelos gestores, de uma organização, de seu papel histórico na sociedade, dentro de seu segmento de negócios, dentro de sua comunidade e para os seus integrantes, é o que se denomina responsabilidade histórica. Como os indivíduos são cidadãos sociais, as organizações são personagens históricos, mesmo sendo vistas, habitualmente, mais sob o aspecto econômico. Hoje se assumem e são vistas como agentes sociais, participantes do desenvolvimento do país e que, por isso mesmo, devem retribuir com a memória que ajudaram a construir (cf. Pereira, 2004, p. 30).

Impulsionado por esse ambiente associativo e acadêmico em que os relações-públicas, os comunicadores e os historiadores debatiam cada

Relações públicas

vez mais a inserção da história nos planejamentos e nas ações dessas áreas nas organizações, foi proposto, a partir de 2002, desenvolver uma pesquisa sobre as conexões entre relações públicas, comunicação organizacional e história empresarial, e as perspectivas advindas disso, principalmente para as relações públicas.

A principal dificuldade encontrada para levar adiante o trabalho que se tinha em vista foi a inexistência quase total de referências sobre os vínculos entre o campo das relações públicas e o da história empresarial, fato que, por si só, já nos dava indícios da relevância da pesquisa proposta. Essa carência pôde ser confirmada com um exame das temáticas focalizadas por trabalhos acadêmicos desenvolvidos no campo das relações públicas e da comunicação organizacional.

Margarida K. Kunsch (2001), em sua pesquisa "A comunicação organizacional como um campo acadêmico de estudos: análise da situação ibero-americana", levantou a maior parte da produção científica realizada de 1950 a 2000, sob a forma de livros, teses de doutorado e livre-docência, dissertações de mestrado, artigos em periódicos e *papers* apresentados em congressos. Nesse período, segundo a autora, foram produzidas, no Brasil, 126 teses e dissertações, valendo destacar que nenhuma delas tinha como tema a vinculação entre relações públicas e história empresarial. Esse fato contribuiria de alguma forma para transformar uma dificuldade em oportunidade de contribuir para o desenvolvimento de uma pesquisa no âmbito de interesse desse trabalho.

Essas primeiras reflexões levaram à hipótese de que as áreas de relações públicas e de comunicação organizacional podem ocupar um espaço estratégico na construção da memória organizacional pelas empresas brasileiras, muitas delas líderes em seus segmentos de atuação. Como uma das hipóteses paralelas, consideramos que os trabalhos de história empresarial desenvolvidos no campo das relações públicas, além das ações comemorativas, tendem a se constituir em programas permanentes voltados para reforçar o sentimento de pertencimento de inúmeros públicos estratégicos das organizações, entre os quais os funcionários, além da utilização desses programas como ferramentas

A ressignificação do olhar

de gestão do conhecimento. Para verificar ou comprovar essas questões, além da busca teórica em fontes bibliográficas, foi realizada, nos meses de abril e maio de 2005, uma pesquisa de campo com grandes empresas instaladas no Brasil.

Olhando para trás, para a frente, para todos os lados

No Capítulo 1, são relatados o surgimento das relações públicas e o desenvolvimento por que passou a área, levando-a a alcançar a abrangência e a importância social que nela se identifica atualmente. As ideias de seus principais protagonistas são analisadas, confrontando-as com os desafios políticos, sociais, culturais, tecnológicos e econômicos que a sociedade contemporânea apresenta para elas.

No Capítulo 2, são discutidas as relações públicas no contexto brasileiro, traçando-se um panorama abrangente da área e de suas perspectivas.

No Capítulo 3, apresentam-se considerações sobre a história empresarial e sua vinculação com as relações públicas, num contexto orientado para a criação e consolidação, nos públicos, do sentimento de pertencimento a uma organização.

A pesquisa sobre projetos de história organizacional nas empresas brasileiras é mostrada, bem como a avaliação dos resultados e a comprovação das hipóteses inicialmente levantadas.

Nas considerações finais faz-se, de forma condensada, uma última reflexão sobre as interfaces entre relações públicas, comunicação organizacional e história empresarial, ressaltando que, na configuração da identidade e da intersecção dessas áreas, o moderno não devora a tradição, o amplo não elimina o singular e a inclusão é um gesto permanente e elemento de sua natureza.

*Com Edward Bernays, as relações públicas
começam a ser estudadas e praticadas
a partir de critérios mais científicos e não tão intuitivos.
O pensamento é que elas são uma atividade
que deve ser praticada por profissionais
e que os seus critérios de atuação devem ser rigorosos
e baseados em postulados de metodologia científica.
Para Bernays as relações públicas são um campo de atividade
ligado à interação de um grupo, um indivíduo, uma ideia
ou outra unidade com os públicos dos quais são dependentes.
Daí que Bernays sempre denomine os profissionais de
relações públicas como cientistas sociais,
a partir da perspectiva de que sua atividade
estava muito focada no âmbito social das organizações.*

Antonio Castillo Esparcia
Pesquisador e doutor em comunicação
pela Universidade de Málaga na Espanha

Capítulo 1

Uma visão crítica e abrangente das relações públicas

As relações públicas, na abrangência e com a importância social a elas atribuídas atualmente, são vistas como consequência da evolução social, cultural, política, tecnológica e econômica das sociedades industriais, principalmente as ocidentais. Nesse contexto inicial, datado dos séculos XIX e XX, elas se apresentam como processo político democrático fundamental para o entendimento entre os inúmeros protagonistas sociais nacionais e internacionais, que podem divergir em seus interesses, objetivos e formas de pensar e operar as questões ligadas principalmente às relações de produção e às demandas da sustentabilidade ambiental, social e econômica.

Não é coincidência que, no ambiente da democracia norte-americana, as relações públicas nascentes foram instrumento de difusão de informações dos interesses monopolistas, mediados pela imprensa, em direção à sociedade, sob o patrocínio dos grandes capitalistas daquele momento histórico.

Uma visão crítica e abrangente das relações públicas

Também não é redundância afirmar que se acentua, a partir do último quarto do século XX até os nossos dias, o papel das relações públicas, de seus profissionais e de suas agências como protagonistas no processo de globalização econômica e de internacionalização de empresas. Como demonstram autores como Maria Schnabel (2006), Maria Russel (2006), M. Morley (2002), James Grunig e Todd Hunt (2003) e Robert I. Wakefield (2001), as relações públicas internacionais se destacam nitidamente pelos esforços de planejamento empreendidos por organizações que se movem entre muitas culturas, para estabelecer relações com públicos de outros países.

Para que essas afirmações fiquem claras, vale a pena examinarmos os desafios atuais que envolvem países e pessoas, em escala global, nos quais as relações públicas – não mais consideradas difusoras de informações, mas também mediadoras entre inúmeros protagonistas sociais – podem ter papel decisivo. É Anthony Giddens (2000) que alerta para esses desafios presentes em todas as regiões do mundo e que trazem um novo conjunto de riscos para a humanidade e para o meio ambiente, com impactos nunca vistos antes na identidade de países e pessoas, na geografia, na tradição, nas estruturas familiares e na democracia. Esses impactos, com certeza, também se fazem presentes nas relações públicas, nos seus protagonistas e patrocinadores, hoje, grandes corporações multinacionais, baseadas nos países ricos da América do Norte, da Europa, do Japão e em países considerados emergentes, como a China, a Índia e o Brasil.

No entanto, que desafios são esses, tão distantes dos que se apresentavam para os pais das relações públicas? Giddens (1997, 2000), Ulrich Beck (1997), Scoth Lash (1997) e outros autores nos mostram que, ao contrário do que o pensamento iluminista acreditava, o desenvolvimento da ciência e da tecnologia criou inúmeras situações de risco,[1] entre

---

1. A queima de combustíveis fósseis, as manipulações genéticas, o questionamento às práticas da política tradicional, o esvaziamento dos valores e outros fatores constroem aquilo que Ulrich Beck, junto com Anthony Giddens e Scoth Lash, no livro *Modernização reflexiva*, denomina sociedade de risco. Uma sociedade que gera conflitos, muito além dos tradicionais embates por renda, emprego e seguro social, entre outros, que "brotam no modo como os riscos que acompanham a produção de bens ligados à megatecnologia nuclear e química, pesquisa genética, industrial militar são distribuídos e controlados".

Relações públicas

as quais o aquecimento global, as mudanças quanto às inúmeras formas de se relacionar no âmbito da sociedade, o impacto que desestrutura as tradições, representadas pela família e pela religião. São impactos que fortalecem sobremaneira os fundamentalismos e as intolerâncias, mas que se apresentam também como oportunidades para a consolidação de modelos democráticos de relações públicas, na medida que estes trabalham com o objetivo de criar canais de diálogo e pertencimento que respeitem as diferenças de todos os perfis.

Nessa sociedade de novos riscos, as relações públicas alicerçadas nos discursos da responsabilidade social corporativa tendem a se esvaziar e a perder a credibilidade diante dos que confrontam esses discursos com os métodos das corporações globais que aumentam esses riscos para as populações, principalmente dos países pobres. Gilberto Dupas (2005, p. 78) revela que

> quanto à utilização da mão de obra barata e dos enclaves de pobreza global, não deixa de ser curioso o tom "perverso" dado pelo *The Wall Street Journal* quando anunciou que grandes indústrias farmacêuticas mundiais estão testando novas drogas na Índia.

O dirigente de uma dessas empresas, entrevistado pelo jornal, afirma que os custos são muito mais baratos e os testes podem ser feitos com muito mais rapidez. "O problema é que no Ocidente não há número suficiente de doentes e os custos são altíssimos", conclui esse dirigente.

Outra fonte de crítica a essas práticas são os autores ligados aos movimentos antiglobalização e anti-hegemonia corporativas, como Naomi Klein (2002, p. 19), que nos dá uma amostra de sua visão, quase um manifesto, sobre a atuação das grandes companhias, o aumento da exclusão social e da concentração de riquezas e a homogeneização cultural em escala global:

> Em geral, os relatos sobre essa teia global de logos e produtos são expressos na eufórica retórica de marketing da aldeia global, um lugar incrível, onde tribos das mais remotas florestas tropicais digitam em *laptops*, avós sicilianas conduzem *e-business* e "adolescentes globais" compartilham, pedindo emprestado uma ex-

pressão de um *site* da Levi's, "uma cultura de estilo mundial". Todo mundo, da Coca-Cola ao McDonald's e à Motorola, montou a sua estratégia de marketing em torno dessa visão pós-nacional, mas é a velha campanha da IBM, "Soluções para um mundo pequeno", que exprime com maior eloquência a promessa equalizadora do mundo ligado pela logomarca.

A regulação, por parte da sociedade, das atividades privadas que colocam em risco empreendimentos, muito deles tradicionais, pessoas e meio ambiente é um desafio ao pensamento e à atividade de relações públicas. No entanto, o que se vê, mesmo com toda a crítica social, é a forte ação organizada dos interesses privados, na sua maioria com o apoio profissional de relações públicas. Dupas (2005, p. 79) observa o desmonte dos estados nacionais e a perda de controle da sociedade sobre as atividades ligadas à pesquisa e ao desenvolvimento tecnológico, agora em mãos privadas, além do desgaste da política operada pelos partidos e políticos tradicionais:

> O problema maior em recuperar o controle sobre a ciência – a partir de novos referenciais éticos – é que o Estado nas sociedades pós-modernas continua em fase de desmonte. Seus antigos papéis já não são mais possíveis, seus novos papéis ainda não estão claros. Suas estruturas anacrônicas e sua clássica ineficiência levaram a uma imensa onda de privatizações – na maioria das vezes plenamente justificadas pela lógica da eficácia econômica – que deveria ter correspondido a um enorme avanço do seu aparato regulatório e fiscalizador. Isso nem sempre ocorreu.

1.1 A dimensão política das relações públicas

As questões apresentadas por Dupas (2005), ligadas à representatividade e à legitimação das organizações na atualidade, destacam fortemente o caráter político das relações públicas modernas. Sem elas, as organizações veem sua capacidade de articulação e realização fortemente questionadas pela sociedade e principalmente pelos grupos organizados, tais como as organizações não governamentais. Esses questionamentos podem significar a perda de produtividade e as quedas nas vendas e nos preços de suas ações.

Relações públicas

Disso tudo decorre que as relações públicas deixam de ser identificadas apenas como uma prática comunicacional, resultando os seus processos e as suas ações do pensamento político organizacional. Elas são protagonistas importantes da estruturação das políticas das empresas e instituições. Isso traz consigo a atribuição de um novo papel aos profissionais da área. Grande número de autores tenta definir a abrangência do papel do relações-públicas diante dessas novas demandas e desafios, como James E. Grunig (apud Nassar e Damante, 1999, p. 21):

Os novos profissionais de relações públicas participam da administração estratégica, veem as relações públicas como um processo simétrico, conduzem pesquisas ou extraem informações do ambiente por outros meios e são especialistas em construção de relacionamento. Para exercer as relações públicas desta maneira, os novos profissionais devem ter aprendido um leque de conhecimentos da área baseado em pesquisas que os guiam na prática de suas atividades. Estes profissionais estudaram relações públicas na universidade, mas também adquiriram conhecimento por outras fontes: leituras, participando de atividades em organizações profissionais ou realizando pesquisas como parte de seu trabalho. Os profissionais de relações públicas tradicionais não veem a atividade além do relacionamento com a imprensa e da construção de imagem.

A respeito desses novos desafios para as relações públicas, M. Kunsch (1999, p. 51) afirma que os relações-públicas estão

diante de uma nova ordem geopolítica, de um mercado dinâmico e competitivo, uma nova tecnologia e, sobretudo, de uma nova empresa, fundamentada na informação, que irá viabilizar essa nova perspectiva. Por isso, sua ação deve pautar-se por uma nova visão de mundo.

Se quisermos reconhecer a nova visão das relações públicas expressa em ideias e programas, entre os quais os de história empresarial, é necessário examinarmos a história e a evolução da área, principalmente durante o século XX, quando ela afirma e expande suas teorias e suas práticas. Para nos guiar nessa viagem, uma série de perguntas será feita e respondida no decorrer desta obra, com o objetivo de identificarmos

Uma visão crítica e abrangente das relações públicas

sua identidade, seus limites e suas perspectivas, entre as quais como se inserem nela os programas de história empresarial. Assim, são expostos marcos, autores, ideias e tecnologias dessa ciência e atividade, fundamentais para o desenho de uma realidade atualizada, que explique a utilização da história empresarial como processo importante de relações públicas. Comecemos voltando um pouco às suas origens, na sequência.

1.1.1 Conformação da democracia

A utilização do pensamento e das ações de relações públicas é assinalada, louvada e criticada por inúmeros autores clássicos das relações públicas em muitos momentos da história do Ocidente, nos quais ela aparece no âmbito das tramas políticas, religiosas, jurídicas, econômicas e militares. Jorge Pedro Souza (2004, p. 26-27), por exemplo, alinhava uma série de exemplos em que se pode inferir a utilização de técnicas de relações públicas:

■ A arte da negociação política, jurídica, econômica e militar vem desde os tempos mais remotos das civilizações humanas. Na Bíblia e noutros livros e registros que chegaram até nós, encontram-se exemplos que mostram que, efetivamente, a arte de enviar negociadores para obter determinados resultados ou preparar determinados percursos de líderes (políticos, militares ou religiosos) não é de agora. São João Baptista foi um excelente relações-públicas para Jesus Cristo. César relata, em Guerra das Gálias (já em si um livro destinado a engrandecer a sua imagem), como convencia as tribos gaulesas a renderem-se ou a submeterem-se às legiões romanas. Cícero e outros advogados negociavam com os tribunais romanos a absolvição dos clientes e digladiavam-se com os acusadores.

■ A redação dos discursos implicava, antigamente, o mesmo que implica agora: convencer o público-alvo, não ser condescendente, oferecer informação que faça mudar de opinião ou, pelo contrário, que reforce convicções.

■ As antigas empresas da República de Veneza já praticavam relações públicas com os investidores, tal como fazem as modernas relações públicas.

Relações públicas

■ Os papas tiverem de investir fortemente na comunicação para persuadir os crentes a aderir às Cruzadas. A Igreja Católica foi, inclusivamente, uma das primeiras instituições que usou o termo propaganda, com a criação, por Gregório XV, do Colégio de Propaganda, para propagar a fé e formar sacerdotes.

■ Sir Walter Raleigh, em 1584, fez relatórios elogiosos para atrair colonos ingleses para a Ilha de Roanoke, quando esta não passava de um pântano. Do mesmo modo, por volta do ano 1000, deu o nome de Groelândia (Terra Verde) ao amontoado de pedra e gelo que descobriu, igualmente para atrair colonos.

Continua Souza, citando J. Moreira dos Santos (1985):

> A imprensa empresarial não nasceu agora. Os primeiros exemplos conhecidos de imprensa empresarial foram elaborados por bancos alemães (os *Zeitungen*) e italianos (os *avvisi*), no século XVI. No século XIX já eram várias as organizações que tinham jornais empresariais, como, em Portugal, os armazéns Grandella, que davam a conhecer, por essa via, os novos produtos que recebiam.

A amplitude dessas importantes imbricações não tem contribuído para que as relações públicas tenham uma identidade bem delineada e, paradoxalmente, leva os observadores a confundi-las com a diplomacia ou as relações internacionais, com a política tradicional, com a propaganda e até com o jornalismo.

Quando se fala da relevância das relações públicas modernas, é lembrado o seu papel nas origens da democracia nos Estados Unidos. Comecemos por Raymond Simon (1999, p. 38), que assinala a importância e o significado político dessas práticas, por exemplo, em 1778, na aceitação da Constituição norte-americana pelo Congresso e pelos estados daquele país. Para isso, segundo o autor,

> foi necessário realizar um esforço massivo de relações públicas. Os historiadores estão de acordo que os autores de *The Federalist Papers* (em especial Alexander Hamilton e James Madison) elaboraram um dos melhores documentos de relações públicas da história. Allen Nevins declara o seguinte: "obter a aceitação

nacional da Constituição era basicamente um exercício de relações públicas, e Hamilton, com seu agudo instinto para as relações públicas, se preocupou não só com o produto, mas também com a rápida aceitação das pessoas instruídas, assim comunicou os seus pontos de vista aos outros". (...) Através de seus ensaios e da eloquência de suas técnicas para o debate, na opinião de Nevins, os federalistas levaram a cabo "o maior trabalho no campo das relações públicas da história dos Estados Unidos".

O papel das relações públicas na formação do Estado nacional norte-americano também é destacado por Scott Cutlip e Allen Center (1963, p. 34-51) e por Andrade (1965, p. 68-69). Eles citam precursores como Samuel Adams, que trabalhou permanentemente a opinião pública e a imprensa da época, com o objetivo de colocá-las contra os britânicos, em acontecimentos como o Tea Party, de 16 de dezembro de 1773, e o massacre de Boston, em 5 de março de 1775. A forma como Adams concebia o seu trabalho de relacionamento com a imprensa é modelo para este trabalho em nossos dias (Cutlip e Center, 1963, p. 30-39). Outro personagem desse período histórico foi Amos Kendall, que, ao assessorar o presidente Andrew Jackson (1829-1837), escreveu a maioria de seus discursos, muitas de suas cartas e, na época, já utilizava de forma permanente os relacionamentos com a imprensa e com líderes para ouvi-los e informá-los de questões que geravam controvérsias nos Estados Unidos.

No entanto, ainda no século XIX, nem sempre as referências à atividade relacional se dão no âmbito dos grandes acontecimentos políticos e da construção do Estado nacional norte-americano. Quase como um contraponto às relações públicas no campo de ação da política, os fundamentos da atividade relacional se apresentam também de forma vigorosa nas práticas comerciais privadas cotidianas, aproximando-as, com isso, dos simples mortais, de maneira mais visível no caso de eventos ligados ao entretenimento, entre os quais os circenses, e a sua divulgação na emergente imprensa de massa daquele país. Como protagonista dessa atividade de divulgação de espetáculos e artistas tinha-se a figura do agente de imprensa.

Relações públicas

O mais conhecido agente de imprensa foi Phineas Taylor Barnum, que utilizava em seus comunicados uma linguagem hiperbólica, destinada a chamar a atenção dos jornalistas para os seus espetáculos. Para os dias atuais, esse resgate histórico serve-nos para analisar, entender e criticar as disfunções ligadas às relações públicas modernas, entre as quais o desvirtuamento da realidade, uma das especialidades de Barnum. Colocando luz sobre este ponto, Dennis Wilcox, Philip Ault e Warren Agee (2001) revelam que os textos desse agente de imprensa eram "floridos e exagerados", o que os distanciava da verdade e os aproximavam do terreno do charlatanismo. Em sua defesa, Barnum (1942, p. 5-7) argumenta, em sua biografia, que distorcer a realidade era uma qualidade:

> Não sou personagem eminente; apenas um organizador de espetáculos e diversões populares; alguns me chamam "o charlatão Barnum". (...) A América do Norte, em primeiro lugar, e depois a velha Europa, me são devedoras de uma ciência, de uma arte novíssima: o reclamo. Antes de aparecer Barnum no cenário humano, podia-se ter gênio, talento, mérito... e modéstia. Com tudo isso, as pessoas morriam de fome, desconhecidas de todo o mundo. Era necessário que o acaso, insinuando-se pelos recantos, desse com o indivíduo e o arrancasse à existência medíocre. Vim ao mundo. Prestes a "passar desta para melhor", lego aos meus contemporâneos o reclamo, que eleva o homem acima das multidões anônimas; o reclamo, força nascida ontem, hoje mais poderosa do que a faca elétrica e o voto; o reclamo, único poder ao abrigo das revoluções, porque nem mesmo os anarquistas e socialistas o desdenham. Ante o reclamo, todos, os mais poderosos assim como os mais humildes, vergam a cerviz. (...) Arguirão: "Mas o reclamo não desvirtua a verdade?" Valente objeção! O que é que, neste mundo, nos mostra a exata verdade das coisas? Nem mesmo a fotografia, pois lhe rouba a cor.

As práticas no estilo de Barnum por certo ainda resistem bem em nossos dias, formatadas como um apêndice da comunicação de marketing das empresas. Quando distantes do profissionalismo e da ética, elas seguramente distorcem a imagem, a abrangência e o verdadeiro fazer da

Uma visão crítica e abrangente das relações públicas

área, acabando por prejudicar as boas práticas, que são percebidas como manipulação, venda disfarçada ou charlatanismo.[2]

1.1.2 Formação da opinião pública

É no final do século XIX que as relações públicas começam a ganhar nos Estados Unidos a sua face contemporânea, ainda delineada por ações comunicacionais de caráter reativo, que aconteceram em decorrência dos questionamentos acerca do comportamento empresarial por parte de sindicatos de trabalhadores, comunidades, autoridades e imprensa.

Naquele momento histórico, as empresas, que estavam fortemente voltadas apenas para a produtividade e para a acumulação de capital, encontram nas relações públicas os processos sociais fundamentais para se aproximar principalmente dos seus trabalhadores e das comunidades nas quais assentavam suas operações e seus negócios. Grunig e Hunt (1984, p. 30-31) informam que a cada ano milhares de trabalhadores morriam ou eram mutilados nas ferrovias norte-americanas por falta de investimentos das companhias em passarelas ou instrumentos de segurança.

A imagem pública de um grupo de empresários ícones do capitalismo, como John Pierpont Morgan (1837-1913), estava desgastada na sociedade norte-americana, em razão, principalmente, das maneiras truculentas como geriam os seus negócios e da quase total falta de relacionamento com seus públicos, entre os quais os sindicatos e a imprensa. Como exemplo desse poder e dessa forma de atuação concentradora, Ron Chernow (1999, p. 5) assinala:

---

2. Isso ficou claro "em um levantamento da norte-americana Karen S. Miller – citado em *A imagem dos relações-públicas diante da opinião pública*, de Juliane Serra do Nascimento, sob orientação do professor Luiz Alberto Farias (ECA-USP) – (no qual) se chegou, com base no estudo de filmes e livros lançados entre 1930 e 1995, a 202 relações-públicas, mostrados, na 'telona' e no papel, como cínicos, manipuladores, invejosos, vazios, puxa-sacos, esnobes e mesquinhos, entre outras percepções nada lisonjeiras" (Nassar, 2006a, p. 87).

Relações públicas

No auge de seu esplendor, Mr. Morgan controlava um terço das ferrovias norte-americanas, e isso em uma época em que as ferrovias compreendiam 60% de todas as ações na Bolsa de Valores de Nova York e quando dezenove dos vinte títulos de renda fixa mais ativamente transacionados eram instrumentos relacionados às estradas de ferro. Após a criação, em 1901, da U. S. Steel, a primeira empresa bilionária, Morgan controlava cerca de 70% da indústria do aço e aparecia de forma proeminente nos negócios de três das principais companhias de seguros. Além do Morgan Bank, ele reinava sobre o Bankers Trust e o Guaranty Trust (posteriormente incorporado ao Morgan Bank) e mantinha interesses de porte nos bancos que se tornaram Chase e Citicorp. Quando Morgan observou, de passagem, "Para mim, a América serve", o jornal *The Comover*, do populista William Jennings Bryan, foi rápido na réplica: "Quando você se cansar dela, pode devolvê-la."

Sobre esses homens de negócios, Grunig e Hunt (1984, p. 29) escrevem:

> Entre 1875 e 1900, os negócios nos Estados Unidos transformam-se em Grandes Negócios. Seus líderes eram heróis públicos, os "capitães de indústria". Ferrovias e linhas telegráficas atravessam o continente e a expansão da grande indústria torna-se realidade. Estes capitães de indústria tinham pouco respeito pelo público e se comunicavam pouco com ele.

É nesse contexto de tensão entre os grandes negócios e a sociedade norte-americana que as relações públicas, no entender de Hebe Wey (1986, p. 17, 29-30), começam a ganhar sua face contemporânea, "no momento em que estruturas arcaicas de lucro pelo lucro, exploração do trabalhador, sonegação e ascensão social dependendo de favoritismos e de um sobrenome" ficam superadas e se tornam obsoletas.

> Inicia-se uma pressão dos próprios trabalhadores contra os barões ladrões e surge uma literatura e um jornalismo de denúncia. O movimento populista e dos *greenbackers* (notas do Tesouro) cristalizam-se no Movimento Progressista, tendo líderes filósofos como John Dewey; reformadores cívicos, educadores e publicistas; tinha Roosevelt como candidato, em 1912, cujas diretrizes políticas incluíam um for-

Uma visão crítica e abrangente das relações públicas

te governo nacional que tomaria medidas positivas para proteger o povo contra os interesses gananciosos. Incluía a regulamentação dos negócios, a proibição do trabalho das crianças, salário mínimo para as mulheres, jornada de oito horas para mulheres e crianças, indenização por acidente de trabalho, a criação de um Ministério do Trabalho, aposentadoria e o seguro contra a doença e o desemprego. Surge uma legislação regulamentadora, que realmente protege a população, muitas vezes contrária aos interesses dos grandes proprietários. Como consequência, há uma melhoria na condição dos trabalhadores e a sonegação diminui. Entre 1908 e 1913, por exemplo, foram aprovadas 2.000 leis federais e estaduais que afetavam as ferrovias americanas (Wey, 1986, p. 29-30).

Dentro desse ambiente conturbado, o jornalista Ivy Lee, considerado o pai das relações públicas, atuou como conselheiro de John Rockefeller com o claro objetivo de melhorar o relacionamento desse magnata com os jornalistas, além de estabelecer algum tipo de diálogo com os trabalhadores que hostilizavam os seus negócios. Destaca, a propósito, o espanhol Antonio Castillo Esparcia (2004, p. 48):

> Em 1914, o grande magnata John Rockefeller Jr. contrata Lee para combater a enorme hostilidade na imprensa e na sociedade em relação à sua família. Tudo isso em função da repressão aos grevistas de uma de suas empresas, a Colorado Fuel and Iron Company, que teve um saldo de 28 mortos. Um dos resultados do trabalho de Lee foi a criação de uma comissão que reuniu representantes dos trabalhadores e da direção da empresa para discutir as condições de trabalho (salário, jornada de trabalho etc.) e, assim, cumprir com um programa de relações públicas de forma proativa.

Além de melhorar a imagem dos grandes empresários monopolistas norte-americanos, outro objetivo perseguido pelos primeiros relações-públicas era o de melhorar a imagem das grandes empresas que precisavam do capital dos pequenos poupadores, captado por meio da bolsa de valores. Na evolução dessa tarefa, Lee criou, em 1914, aquela que é considerada a primeira agência de relações públicas do mundo. Ele, "que havia trabalhado na editoria de economia dos jornais *The New York Times, New York Journal* e *The New York World*", segundo Rivaldo

Relações públicas

Chinem (2003, p. 26), começou a enviar comunicados de imprensa com informações sobre os negócios de seu cliente, com o objetivo de gerar notícias favoráveis sobre eles e o próprio Rockefeller. Manuel Chaparro (1996, p. 135) nos dá um perfil de Lee e das primeiras atividades de relações, restritas quase que exclusivamente a ações de difusão de informações para a imprensa:

Quando surgiu, (...) em 1906, a assessoria de imprensa era apenas uma técnica, nem sempre ética, de relações públicas. E quem a inventou foi um jornalista, Ivy Lee, contratado para mudar, na opinião pública, a imagem de John Rockefeller, um homem então odiado pela sociedade americana.

(Lee era um) jornalista brilhante, conceituado, com amigos nos postos de decisão das principais redações. Ele começou por escrever e distribuir aos ex-colegas uma carta de princípios[3] hipócrita, em que prometia dar apenas notícias verdadeiras e estar sempre pronto a atender os jornalistas. Na prática, atuando como fonte, inventou técnicas e procedimentos de influência nas decisões jornalísticas, para divulgar ou deixar de divulgar informações, tendo sempre em vista o objetivo principal de construir a nova imagem pública de Rockefeller.

(Ele) sabia o que poderia interessar às redações e que ingredientes deveriam revestir uma informação, para que ganhasse atributos jornalísticos. Mas, como nem sempre isso era possível ou suficiente e como, às vezes, o que interessava era a não publicação de notícias, devemos a ele a criação de várias técnicas de

---

3. Essa carta dizia: "Este não é um serviço de imprensa secreto. Todo o nosso trabalho é feito às claras. Nosso objetivo é divulgar notícias. Isto não é uma agência de publicidade. Se acharem que o nosso material ficaria melhor na seção comercial, não o usem. Nossos dados são exatos. Se desejarem detalhes complementares sobre qualquer tema que tratamos, nós os procuraremos imediatamente, e, a partir deste momento, convidamos com prazer a qualquer editor, que assim o desejar, que comprove por si mesmo a precisão de nossos argumentos. (...) Em resumo, o trabalho que desenvolvemos em nome de empresas comerciais e de instituições públicas consiste em facilitar, para a imprensa e para o público dos Estados Unidos, matéria informativa, rápida e precisa, sobre todo assunto cujo valor e interesse se faça merecedor de reconhecimento por parte deles" (Lee, apud Castillo Esparcia, 2004, p. 48).

Uma visão crítica e abrangente das relações públicas

cala-a-boca, como o emprego duplo, a propina, os favores, os almoços, os brindes, as viagens e outras formas de convívio vantajoso com o poder econômico, ainda hoje tão do agrado de tantos jornalistas, e que serviam, como servem, para estimular ou desestimular a publicação de informações, não pelo mérito, mas pela conveniência.

Para entendermos a evolução das relações públicas e a incorporação, por ela, de teorias e práticas originárias de outras áreas, lembremos que Grunig e Hunt (1984, p. 21-43), ao delinear os modelos históricos da atividade, dizem que é nesse momento, no início do século XX, que surge uma atividade não dialógica caracterizada principalmente pela difusão de informações da organização para a imprensa, baseadas no atributo jornalístico da notícia, sustentado na verdade e na realidade. Supera-se, assim, a prática voltada tão somente à veiculação de conteúdos comerciais, no enfoque defendido por Phineas T. Barnum.

M. Kunsch (1997, p. 111) ressalta que esse modelo de difusão de informações aparece "como reação aos ataques dos jornalistas às grandes corporações e aos órgãos governamentais". As relações públicas disseminadas por Lee, no entender de muitos estudiosos de relações públicas e jornalismo, tinham um perfil interesseiro, e até grosseiro, caracterizando-se por ver na imprensa um público a ser manipulado. As entrelinhas desse tipo de atuação podem ser detectadas, por exemplo, em Candido Teobaldo de Souza Andrade (1965, p. 61). Ao citar que Lee foi contratado por Rockefeller por ocasião da greve sangrenta da Colorado Fuel and Iron Co., o autor aduz: "A situação tornara-se tão insustentável que John D. Rockefeller, pai, só saía protegido por guarda-costas. A primeira providência de Ivy Lee foi dispensar os detetives, pois todas as barreiras entre a família Rockefeller e o público precisavam ser derrubadas." E comenta:

Os amigos de Ivy Lee diziam que o "pai das relações públicas" fazia alarde de que as entrevistas de seus clientes com a imprensa eram feitas com inteira liberdade para qualquer pergunta. Mas os inimigos acrescentavam: os canais competentes dos jornais já estavam controlados e os repórteres nada poderiam escrever que contrariasse

Relações públicas

os interesses dos clientes de Lee. Ainda desse homem de relações públicas dizem que, em 1934, prestou serviços ao truste alemão Dye para corrigir as reações dos americanos a respeito dos acontecimentos na Alemanha de Hitler.

As críticas, feitas muitas vezes com a clara intenção de demonizar as relações públicas, não eliminam o fato de que Ivy Lee assentou as bases das modernas relações públicas, firmadas, como assinalam Grunig e Hunt (1984, p. 31), em ideias simples referenciadas na verdade: "Falar a verdade sobre as ações organizacionais; se a verdade for danosa para a organização, então mudar o comportamento da organização para que a verdade possa ser dita sem medo."

1.1.3 Construção de relacionamentos

A caminhada das relações públicas em direção a um *corpus* teórico e a um fazer que as vinculam cada vez mais às teorias e às práticas da sociologia e da psicologia tem, nos anos 1920, outro importante marco histórico. É nessa década que elas começam, timidamente, a se desvencilhar de seu viés jornalístico e instrumental para alcançar uma nova abrangência teórica e profissional. As referências desse momento são os pensamentos de Edward L. Bernays e de Walter Lippmann, influenciados, respectivamente, pela psicologia e pelas ciências sociais.

Bernays, considerado o "pai intelectual das relações públicas", criou, em *Crystallizing public opinion* (1923), primeiro livro da área, a figura do "assessor", que teria como uma das principais atribuições analisar e entender as tendências não visíveis na opinião pública. No mesmo ano, ele também assumiu a cátedra de Relações Públicas na Universidade de Nova York, tornando-se o primeiro docente universitário dessa atividade. Ao avaliar a importância de Bernays, Castillo Esparcia (2004, p. 50) afirma que, com ele,

as relações públicas começam a ser estudadas e praticadas a partir de critérios mais científicos e não tão intuitivos. O pensamento é que elas são uma atividade que

Uma visão crítica e abrangente das relações públicas

deve ser praticada por profissionais e que os seus critérios de atuação devem ser rigorosos e baseados em postulados de metodologia científica. Para Bernays, as relações públicas são um campo de atividade ligado à interação de um grupo, um indivíduo, uma ideia ou outra unidade com os públicos dos quais são dependentes. *Daí que Bernays sempre denomine os profissionais de relações públicas como cientistas sociais, a partir da perspectiva de que sua atividade está muito focada no âmbito social das organizações* (grifo do autor).

À mesma época, Lippmann publicava seu conhecido livro *Public opinion*. Cutlip e Center (1963, p. 66) destacam a influência que sociólogos como ele exerceram sobre a publicidade e a propaganda, assim como sobre os primeiros relações-públicas:

> O estudo que fizeram da opinião pública, suas análises da propaganda e suas observações sobre as pressões exercidas por diversos grupos na sociedade são contribuições muito importantes. As investigações sociais, de mercado e da opinião pública se afirmaram durante os anos de pós-guerra. A General Foods, uma precursora das análises de mercado, formou, em 1926, um grupo de fabricantes domésticos para que produzissem amostras de suas receitas de gelatinas e marmeladas. A análise social e histórica de Lynds, *Middletown*, se produziu em 1925. O *Literary Digest* realizou, em 1916, a sua primeira pesquisa sobre as eleições presidenciais. Esse tipo de pesquisa alcançou a sua plenitude nos anos 1920. A Bell Telephone System fez a sua primeira análise de opinião do cliente em 1925.

Com isso as relações públicas alcançam um novo *status*, investindo-se de uma essência mais complexa e intelectual do que a atividade de Ivy Lee, que consistia na capacidade de divulgar informações com atributos jornalísticos.

Bernays, que curiosamente era sobrinho de Sigmund Freud, pai da psicanálise, traz para a atividade de relações públicas o instrumento de pesquisa utilizado nas ciências sociais e na psicologia. O que se constitui naquele momento, em nossa opinião, é uma expansão da área de relações públicas, na medida em que esta incorpora os conhecimentos de outras ciências humanas com o objetivo de analisar

Relações públicas

e compreender aspectos importantes do relacionamento dos públicos com as organizações e os seus dirigentes. Sobre isso Bernays (apud Cutlip e Center, 1963, p. 69) escreveu: "A nova tendência apoiava a ideia de que o interesse público e o privado devem coincidir exatamente; e que, portanto, as atividades de relações públicas devem se orientar neste sentido."

Grunig e Hunt analisam as atividades desenvolvidas, inicialmente, por Bernays como sendo assimétricas de duas mãos. De acordo com a síntese que M. Kunsch (1997, p. 111) fez dos quatro modelos de relações públicas identificados por esses autores, o assimétrico de duas mãos usa as pesquisa e outros métodos de comunicação "para desenvolver mensagens persuasivas e manipuladoras, que contemplam somente os interesses da organização, não se importando com os interesses dos públicos".[4] Esse modelo, que se traduz numa "engenharia do consentimento", é encontrado com mais frequência nos departamentos de comunicação menos eficazes" segundo Grunig e Hunt.[5]

Como qualquer um podia exercer a função de consultor de relações públicas, uma das grandes preocupações de Bernays era com a criação de um código de ética cada vez mais estrito para seus praticantes, conforme escreve W. Kunsch (2006b, p. 62/63), com base em Lygia T. Torelli (2004, p. 127-129). Com isso, segundo o autor,

> Bernays acabaria defendendo o modelo simétrico de duas mãos, marcado por uma comunicação em que se dá destaque à compreensão mútua entre emissor e receptor, mais preocupado com os *stakeholders* do que com a mídia. Ele acentuava que "o requisito essencial das relações públicas é (...) o real direcionamento para problemas de harmonização social". O profissional da área deverá auxiliar organizações, movimentos e pessoas a se ajustarem na sociedade de que são parte, lidando com uma

---

4. Não é esse, naturalmente, o objetivo das auditorias de opinião e das pesquisas de clima organizacional hoje realizadas pelas agências de relações públicas brasileiras, entre os inúmeros serviços oferecidos por elas. Cf. Mestieri e Melo (2006) e Schmidt (2006).
5. Cf. também Nassar e Damante (1999, p. 24).

complexa constelação de forças dinâmicas, em busca da harmonização intergrupal ou da harmonização individual dentro do grupo.[6]

Finalizando este tópico, diga-se que, para entender o desenvolvimento das relações públicas em termos de teorias, práticas, crenças, valores, tecnologias e desafios atuais, é importante ter em mente que foi com um conjunto inicial de técnicas jornalísticas, sociológicas e psicológicas que elas caminharam para outras imbricações, como com a moderna administração de empresas.

1.2 Relações públicas e relações humanas

Se no campo estritamente comunicacional existe um relacionamento marcado pela prática de difusão de informações, de certa forma unívoca, no campo da administração isso se repete. Os primeiros trinta anos do século XX foram marcados pela predominância das práticas da organização científica do trabalho. Reconhecida como a primeira teoria de gestão, esta surgiu em um ambiente em que as técnicas de produção eram marcadas pela fabricação do aço (1856), pelo aperfeiçoamento do dínamo, pela invenção do motor de combustão interna por Gottlieb Daimler (1873). Todas essas inovações viriam para substituir as energias humanas e naturais, denominadas por Toffler (1980, p. 38-39) "baterias vivas":

A condição prévia de qualquer civilização, velha ou nova, é a energia. As sociedades da Primeira Onda tiravam a sua energia de "baterias vivas" – potência muscular humana e animal – ou do sol, do vento e da água. As florestas eram cortadas para cozinha e aquecimento. Rodas hidráulicas, algumas delas usando a energia das marés, faziam girar rodas de moinho. Nos campos rangiam moinhos de vento. Os arados eram puxados por animais.

---

6. O trecho que o autor cita entre aspas é de Bernays, da obra *Public relations* (1952), em torno da qual Torelli (2004) desenvolveu sua monografia *O profissional ideal de relações públicas*.

Relações públicas

Tudo isso se transformou com o aparecimento do ferro, do carvão e do vapor, na Primeira Revolução Industrial. Essas tecnologias aceleraram a substituição das pequenas manufaturas e oficinas artesanais pelas grandes fabris. Philippe Béon (1992, p. 84) afirma que nesse ambiente acontecem mudanças radicais na estrutura e operação da organização industrial. A expansão da mecanização, da fábrica e da grande empresa, somada à demanda por padronização da produção, impõe uma nova organização do trabalho, baseada principalmente no mecanicismo, na repetição, na massificação em substituição à artesania, na obediência e na pontualidade. Idalberto Chiavenato (1993, p. 38) escreve, a propósito:

A *mecanização do trabalho* levou à divisão do trabalho e à *simplificação das operações*, fazendo com que os ofícios tradicionais fossem substituídos por tarefas semiautomatizadas e repetitivas, que podiam ser executadas com facilidade por pessoas sem nenhuma qualificação e com enorme simplicidade de controle.

Frederick W. Taylor, nos Estados Unidos, e Henri Fayol, na França, esboçaram as primeiras teorias e práticas administrativas dessa visão da administração. A linha norte-americana foi denominada "organização científica do trabalho", ou taylorismo, e a francesa, "escola clássica" ou "escola da organização formal". Esta põe o foco em seis grandes funções de administração, que são assim detalhadas por Antonio Maximiano (2002, p. 103): 1) técnica (produção, manufatura); 2) comercial (compra, venda, troca); 3) financeira (procura e utilização de capital); 4) segurança (proteção da propriedade e da pessoa); 5) contabilidade (registro de estoques, balanço, custos e estatísticas); 6) administração (planejamento, organização, comando, coordenação e controle). Sobre a função de administração, João Bosco Lodi (1993, p. 46) explica o que é para Fayol cada uma de suas atividades:

Planejar era definido como: "examinar o futuro e desenhar um plano de ação". Organizar significava: "construir a estrutura, material e humana, do empreendimento". Comandar significava: "manter a atividade no pessoal". Coordenar: "reunir, unificar e harmonizar as atividades e os esforços". Controlar: "assegurar-se de que tudo ocorre em conformidade com a regra estabelecida e ordem expressa".

Ambas as vertentes, a norte-americana e a francesa, têm as suas teorias assentadas sobre três pontos, que são: o desenho piramidal; a rígida e especializada divisão de trabalho; e a autoridade de quadros. Na estrutura piramidal, a administração está centralizada e ocupa o topo da pirâmide. A produção cotidiana é rigidamente baseada em regras e procedimentos. O comando e as ordens seguem, em linhas de autoridade, a posição e os sentidos dispostos no organograma, visando manter a hierarquia e evitar duplicidade de ordens. A divisão de trabalho tem como objetivo a especialização e a simplificação do processo produtivo, buscando facilitar o controle sobre os processos e as pessoas. A criação e o planejamento do trabalho estão separados de sua execução.

A estrutura piramidal e a divisão de trabalho coíbem a comunicação horizontal entre os trabalhadores, reduzindo-se, com isso, a possibilidade de articulação e de contestações no ambiente. Lembremos aqui que Fayol procurou medir, pela observação, as inúmeras capacidades existentes em cada nível da hierarquia organizacional. Afirma ele (apud Lodi, 1993, p. 46):

> A capacidade técnica é a principal capacidade dos chefes inferiores da grande empresa e dos chefes da pequena empresa industrial; a capacidade administrativa é a principal capacidade dos grandes chefes. A capacidade técnica domina a base da escala hierárquica; a capacidade administrativa, o topo.

Estamos diante de uma organização – tanto a de tipo taylorista como a fayolista – que não estimula; antes, impede o florescimento de práticas de relações públicas. Pode-se afirmar que esse modelo é informacional, ocorrendo nele pouca preocupação dos dirigentes em estabelecer o diálogo. Para os comandos de organizações desse tipo basta emitir as suas mensagens sob a forma de ordens e impô-las a toda a força de trabalho. Grunig e Hunt (1984) afirmam que a teoria da

Relações públicas

máquina – termo usado por Daniel Katz e Robert Kahn (1973) para designar o grupo de teorias baseadas nas ideias de Frederick Taylor, muito populares na primeira metade do século XX, entre elas os princípios da burocracia de Max Weber – dá pouco espaço para a comunicação. No ambiente mecanicista, dizem Grunig e Hunt (1984, p. 250):

A comunicação é necessária para instruir os trabalhadores sobre determinada tarefa e adverti-los sobre as penalidades pelo não cumprimento de ordens. Toda a comunicação é assimétrica – pensada pela administração com o objetivo de controlar os subordinados.

As práticas de administração tayloristas nas quais se concentra aqui, voltadas para a maximização de tempos e movimentos nas linhas de produção, se operacionalizam num ambiente de fortes críticas, principalmente por coibirem o desenvolvimento dos aspectos humanos do trabalho, entre os quais a expressividade e o fortalecimento da identidade, resultados do exercício da linguagem verbal e da corporal no contexto dos relacionamentos entre as pessoas. Sobre esse aspecto, Cida Stier (2005, p. 181) escreve que

a expressividade na comunicação é a capacidade de um indivíduo tornar vivo o seu pensamento pela linguagem e pela expressão corporal, e, assim, procurar argumentos e figuras que suscitem no outro a vontade de pensar junto, de construir uma ideia.

O processo de comunicação de base taylorista, em que só importa a voz da administração, assemelha-se ao que Grunig e Hunt (1984, p. 84-89) denominam modelos "de imprensa/divulgação" e "de imprensa/propaganda", conforme quadro comparativo da sequência (Nassar, 2000).

Uma visão crítica e abrangente das relações públicas

Quadro 1.1 – Modelo de comunicação taylorista *versus* modelos de relações públicas de Grunig e Hunt

COMUNICAÇÃO ADMINISTRATIVA TAYLORISTA					Modelos de relações públicas
Princípios	Emissor	Mensagens e fluxos	Veículos	Receptor	
Desenvolver uma verdadeira ciência do trabalho. Promover uma seleção científica dos trabalhadores. Promover a educação científica e o desenvolvimento do trabalhador. Promover a cooperação harmoniosa entre a administração e os trabalhadores.	Administração.	Ordens de trabalho. Mensagens em fluxo descendente, seguindo o organograma. Mensagens imperativas, sem preocupações de ordem retórica. Unidimensional (da fonte para o receptor).	Fichas de instruções de serviços. Chefia imediata.	Passivo, não se comunica horizontalmente. Homem visto apenas como força de trabalho (homem econômico). Incentivo por intermédio de prêmios de produção pela execução eficiente.	Modelo de assessoria de imprensa ou de divulgação (assimétrico de mão única). Modelo de imprensa/ propaganda (é um modelo de mão única, em que não há troca de informações).

Relações públicas

As críticas ao taylorismo, produzidas por inúmeros públicos, entre os quais empregados, sindicatos, imprensa e autoridades, como relata Maurício Tragtemberg (1980, p. 25), criaram condições para o surgimento da proposta da escola de relações humanas, de George Elton Mayo. Esta traz um alinhamento com as práticas de relações públicas simétricas porque valoriza a palavra do receptor (o *feedback*), como produtor de valor organizacional, podendo significar aumento de produtividade.

Mayo, por meio de suas pesquisas em Hawthorne (1924-1927), quantifica o valor da filosofia social empresarial, expressa pelo diálogo com os trabalhadores e pelos aspectos sociais e ambientais da produção. Para ele, o conflito social é um obstáculo à produtividade e, por isso, deve ser evitado por meio de uma administração humanizada. A valorização das relações humanas e a cooperação são o melhor caminho para maior produtividade e o bem-estar social.

Dentro da perspectiva humanística, também é relevante o trabalho de Chester Bernard, exposto principalmente no livro *The functions of the executive* (1938). Sobre ele escreve Reinaldo Silva (2004, p. 193-194):

> Uma organização não pode existir sem pessoas. Na visão de Barnard, o *desejo de cooperar* é o primeiro elemento universal; o segundo elemento, o propósito comum, isto é, o objetivo da organização. (...) Na teoria de Barnard, a fonte de autoridade não reside nas pessoas de autoridade (naqueles que dão ordens), mas na *aceitação* da autoridade pelos subordinados.

Roberto P. Simões (1995, p. 174), ao ver as relações públicas também como uma filosofia social, deixa claras as suas ligações com a escola de relações humanas:

> Outra ótica para perceber a importância de uma filosofia social, contida no sistema de organização e, portanto, fazendo parte da estrutura da mesma, é aquela transmitida pela asserção: relações públicas *são a projeção das relações humanas*. O modo mais preciso de dizer esta proposição é: as bases da função e atividade de relações públicas estão nos princípios da escola de administração das relações humanas.

Uma visão crítica e abrangente das relações públicas

Esta colocação visa evitar que se caia no erro comum de entender relações humanas apenas como relacionamento entre pessoas, procurando os seus fundamentos diretamente em algum capítulo da psicologia.

Na verdade, as relações humanas são um capítulo da teoria de administração. Significam um modo especial de administrar, cuja essência é a valorização do ser humano, explorando o seu nível de motivação, através da importância dada às necessidades das pessoas e das relações informais. Daí sua ligação indireta com a ciência do comportamento. Entre os nomes ligados a essa escola têm-se Mary Parker Follet, George Elton Mayo, Kurt Lewin, Fritz Roethlisberger, William Dickson e outros.

Assim sendo, quero dizer com projeção das relações humanas que a função e atividade de relações públicas, além de se ocuparem da valorização do público interno, fazem-no também em relação às pessoas que compõem os demais públicos, numa verdadeira reação em cadeia.

As histórias das relações públicas e da administração confirmam com inúmeros acontecimentos e pesquisas, entre elas as que levaram ao surgimento da visão de relações humanas, que a efetividade das metodologias voltadas para a melhoria das habilidades humanas dentro das organizações é maior do que aquelas voltadas para o controle das pessoas.

É nesse ambiente social, organizacional e profissional que, nos últimos anos, a importância das relações públicas tem crescido e se afirmado principalmente como função gestora das habilidades humanas, com destaque para a de relacionamento e de comunicação, nos níveis interpessoal, organizacional e tecnológico. Philip Lesly (1991, p. XI-XIII), refletindo sobre esses novos olhares que dão ênfase ao que está fora das linhas de produção, sublinha que as relações públicas são "a ciência e a arte de compreender, de ajustar e influenciar o clima humano".[7] Segundo ele, essa ciência e arte:

---

7. Segundo Lesly (1991, p. XI), clima humano é a massa de atitudes das pessoas com base na qual todos os acontecimentos são pensados e determinados.

Relações públicas

agrega elementos de psicologia, política, economia, forças sociais e outros fatores de influência, mas se mantém separada desses. É a única disciplina que vai ao âmago do porquê e do como as massas agem e reagem ao seu meio ambiente social e fornece os meios de como direcionar essas reações. Assim, relações públicas (são) agora uma grande força nos assuntos de cada país, cada região, cada grupo, cada organização e instituição. (...) Como lidar com o clima humano, conduzindo-o através de comunicação sofisticada, pertence ao campo de relações públicas, tendo este setor uma vasta importância e potencial.

Vê-se nessa afirmação de Lesly a presença de um tipo de relações públicas que constituem uma "grande área", não situada apenas no campo das comunicações, mas em um âmbito mais abrangente, ou seja, nos campos das ciências sociais e humanas, atuando com desenvoltura nas grandes decisões das organizações e da sociedade. Essa posição das relações públicas se reafirma quando consideramos que nem todas as questões organizacionais podem ser resolvidas com base na visão ou na decisão gerencial (administrativa). Em muitas situações, a visão ou a decisão emana de inúmeras fontes – entre as quais destacamos a política, a filosófica e a histórica.

A propósito dessa visão da abrangência das relações públicas, vale aqui lembrar o pensamento de Andrade (1965, p. 36) quando afirma que "relações públicas são também filosofia e dinâmica, em busca do aperfeiçoamento da interação social". É ainda ele (1989, p. 114) quem cunha a expressão "mercador de imagens" para criticar aqueles que, em sua época, viam as atividades de relações públicas restritas às atividades de comunicação.

Diante das conexões apresentadas, pode-se estabelecer comparações entre o processo de comunicação na escola de relações humanas e o modelo de relações públicas assimétrico de duas mãos identificado por Grunig e Hunt (1984, p. 83-89), que se vale de pesquisas e de persuasão científica, entre outros métodos. As semelhanças se dão da maneira exposta no quadro a seguir (Nassar, 2000).

Uma visão crítica e abrangente das relações públicas

Quadro 1.2 – Modelo de relações humanas
versus modelo de relações públicas

MODELO DE RELAÇÕES HUMANAS					Modelos de relações públicas
Princípios	Emissor	Mensagens e fluxos	Veículos	Receptor	
Trabalho em equipe. Carisma das chefias. Uso de pesquisa (ambiente organizacional, por exemplo).	Administração. Chefias: a sua autoridade tem como base sua personalidade e sua capacidade de liderar e animar a sua equipe.	A organização trabalha o consenso e um bom ambiente. Envolvimento e motivação da força de trabalho. Fluxos descendente e ascendente (*feedback*).	Mídias diversificadas, entre elas jornais e revistas. Educação corporativa e cursos (a importância da formação na empresa).	É consultado. As suas respostas aperfeiçoam o processo de decisão. O trabalhador é visto no contexto social ("homem social"). É incentivado não só por prêmios econômicos, mas também por fatores como reconhecimento, orgulho pelo local de trabalho, chefias interessadas pelo desempenho dos subordinados etc.	Modelo assimétrico de duas mãos.

Relações públicas

1.3 Relações públicas e redes de valor

São claras as presenças das ideias da "escola científica do trabalho" e da "escola de relações humanas" no âmbito dos modelos administrativos da atualidade. Pode-se ver isso na apropriação que delas fizeram os modelos contemporâneos representados pela administração contingencial, pela administração por objetivos, pela administração japonesa e pelo modelo empreendedor, além dos modelos considerados emergentes, como a administração virtual, a administração do conhecimento e a administração das redes de valor.

Todos esses modelos incorporaram, de alguma forma, a necessidade de administrar um trabalhador que transforme as informações recebidas da administração em conhecimento, em valor para a organização. Em muitos desses modelos, existe a extensão dessa criação de valor também para a cadeia de públicos estratégicos organizacionais, que se reúnem em redes atópicas, tendo como principais suportes as tecnologias de comunicação digital. Tal fato faz com que as relações públicas e a comunicação organizacional sejam as novas atividades não previstas por Fayol dentro da função "administrar", que em sua nova configuração fica assim: planejamento, organização, comando, coordenação, *relacionamento/comunicação* (grifo do autor) e controle.

Peter Drucker (1999, p. 117) chama a atenção para alguns desafios relacionais e comunicacionais das organizações, no contexto de uma sociedade em que o conhecimento é uma das faces do capital, em relação ao que ele denominou, nos anos 1960, "trabalhador do conhecimento", aquele que para o autor faz o "trabalho do conhecimento". Segundo Drucker, a comunicação baseada em ordens instrumentais, que é a base do relacionamento entre chefias e comandados nas organizações orientadas pelas administrações científicas e burocráticas, não mais contribui para a criação de valor no contexto de uma sociedade que tem como base o conhecimento e não só a informação, tudo isso potencializado por novas tecnologias da informação, conforme assinalado por inúmeros autores, como

Uma visão crítica e abrangente das relações públicas

Milton Santos (1996, p. 191-192):

> Ao mesmo tempo em que aumenta a importância dos capitais fixos (estradas, pontes, silos, terra arada etc.) e dos capitais constantes (maquinário, veículos, sementes especializadas, fertilizantes, pesticidas etc.), aumenta também a necessidade de movimento, crescendo o número e a importância de fluxos financeiros e dando um relevo especial à vida de relações.

Manuel Castells (1999, p. 21-47) também assinala os impactos das novas formas tecnológicas de comunicação no cotidiano global, incluindo as modificações sobre as formas de comunicar, viver e criar valor:

> As relações sociais de produção e, portanto, o modo de produção determinam a apropriação e os usos do excedente. Uma questão à parte, embora fundamental, é o nível desse excedente determinado pela produtividade de um processo produtivo específico, ou seja, pelo índice de valor de cada unidade de produção em relação ao valor de cada unidade de insumos. Os próprios níveis de produtividade dependem da relação entre mão de obra e a matéria, como uma função do uso dos meios de produção pela aplicação de energia e conhecimentos. Esse processo é caracterizado pelas relações técnicas de produção, que definem modos de desenvolvimento. Dessa forma, os modos de desenvolvimento são os procedimentos mediante os quais os trabalhadores atuam sobre a matéria para gerar o produto, em última análise, determinando o nível de qualidade do excedente. Cada modo de desenvolvimento é definido pelo elemento fundamental à promoção da produtividade no processo produtivo. Assim, no modo agrário de desenvolvimento, a fonte do incremento de excedente resulta dos aumentos quantitativos da mão de obra e dos recursos naturais (em particular a terra) no processo produtivo, bem como da dotação natural desses recursos. No modo de desenvolvimento industrial, a principal fonte de produtividade reside na introdução de novas fontes de energia e na capacidade de descentralização do uso de energia ao longo dos processos produtivos e de circulação. No novo modo informacional de desenvolvimento, a fonte de produtividade acha-se na tecnologia de geração de conhecimento, visto que o processo produtivo sempre se baseia em algum grau de conhecimento e no processo da informação.

Relações públicas

Para cada modo de desenvolvimento desenhado por Castells, podemos estabelecer uma relação direta com um modo de pensar e fazer as relações públicas. De tal forma que reconhecemos nos modos *agrário* e de *desenvolvimento industrial* descritos por Castells as práticas de *imprensa/propaganda* e *de informação pública* de Grunig; e, no modelo *informacional* de Castells, as *práticas dialógicas* de relações públicas desenhadas nos modelos *simétrico de duas mãos* e de *motivos mistos.*[8]

É ainda Castells (1999, p. 38-41) quem assinala ter a sociedade informacional como princípio organizador a identidade, que para ele é

> o processo pelo qual um ator social se reconhece e constrói significado principalmente com base em determinado atributo cultural ou conjuntos de atributos, a ponto de excluir uma referência mais ampla a outras estruturas sociais.

Reconhecemos nessa ideia a possibilidade de as relações públicas utilizarem processos dialógicos na discussão da missão e da visão das organizações, além da recuperação de suas memórias como processos de reconhecimento e de fortalecimento do sentimento de pertença dos indivíduos que as integram.

Isso nos lembra Drucker (1999), para quem os discursos organizacionais devem ser construídos com base nos conceitos de identidade, missão e visão de futuro, que enquadram o cotidiano organizacional percebido como história. É nesse ponto que as relações públicas devem estabelecer políticas e planejamentos voltados à utilização da história empresarial como parte de seu pensamento e de suas ações, ampliando sua abrangência

---

8. Para Grunig e Hunt (1984), o modelo *simétrico de duas* mãos representa o equilíbrio entre os interesses da organização e os de seus públicos. Esse modelo, que se baseia em pesquisas e na comunicação, tem como suporte o diálogo, buscando o entendimento e não o conflito. O modelo de *motivos mistos*, acrescentado por Patricia Murphy aos quatro modelos identificados por Grunig e Hunt, tem como suporte a negociação com o objetivo de encontrar um ponto de equilíbrio entre os diferentes interesses (Kunsch, M., 2006, p. 41). É preciso analisar a consistência dos modelos identificados por Grunig e Hunt diante das novas tecnologias de comunicação digital, que produzem redes de relacionamentos atópicas, mestiças e tridimensionais. As simetrias e assimetrias propostas não resistem à ideia de um Jano digital, que olha para todas as direções.

Uma visão crítica e abrangente das relações públicas

e sua presença como disciplina ética, transparente e comprometida com a verdade. Trata-se de um ponto que procuraremos explorar mais adiante.

1.4 Relações públicas e protagonismo social

No campo profissional das relações públicas, o embate entre aquilo que é considerado manipulação e a verdade, principalmente no âmbito dos relacionamentos com a imprensa e com governos, atravessou praticamente todo o século XX até chegar ao século XXI. Ele se coloca com força nos debates sobre inúmeros temas controversos, entre os quais os ligados à bioética – tais como os das células-tronco e da manipulação genética –, aos relacionamentos entre empresas e governos, às privatizações de serviços públicos e à proteção ao meio ambiente.

Tal constatação nos leva, diante das demandas éticas de nossa época, a questionar a sustentabilidade de práticas de relações públicas que, operacionalizadas por protagonistas responsáveis pelos relacionamentos com inúmeros públicos, se caracterizam por esconder e/ou maquiar ações empresariais que ameaçam as identidades, as economias e o meio ambiente de países e comunidades em que as empresas e instituições desenvolvem seus negócios e suas atividades.

No Brasil, Gerson M. Lima (1985, p. 30), ao trabalhar essa questão em seu livro *Releasemania*, formulava uma pergunta que, de certa forma, se pode continuar fazendo: "Haverá relações públicas ainda hoje que já tenham saído de sua pré-história, ou seja, que não queiram mais apresentar os patrões e clientes como anjos de pureza e boas intenções?" Levantada pelo autor a propósito do relacionamento das empresas com a imprensa, a indagação pode ser estendida também às relações com públicos como a comunidade, os trabalhadores, as organizações não governamentais e também à forma como os programas de história e memória empresarial são planejados e implantados ou, então, simplesmente deixados de lado. Nesse âmbito, que é o objeto desta obra, é premente perguntarmos quais são as histórias apresentadas pelas empresas e quais são as memórias que são apagadas ou preservadas.

Relações públicas

Ainda no contexto das questões éticas, vale lembrar as considerações de Cicilia Krohling Peruzzo (1986, p. 55) sobre o que, contrariando sua "essência", a atividade de relações públicas tem de "aparência" nos planejamentos e nas ações dos departamentos corporativos e das agências de comunicação:

> As relações públicas se dizem promover o bem-estar social e a igualdade nas relações sociais numa sociedade marcada por profundas diferenças de classe, tratam os interesses privados como sendo interesses comuns de toda a sociedade, escondendo que esses interesses são comuns à classe que detém o controle econômico social, cultural e político da sociedade.

Para Manuel Chaparro (2002, p. 41), ao analisar os últimos cem anos da atividade de assessoria de imprensa, as práticas manipuladoras continuam a se fazer presente no âmbito das relações públicas contemporâneas:

> As relações públicas cresceram mais rápido nos países que copiaram o modelo norte-americano, entre eles o Brasil. Depois da Segunda Guerra Mundial, e mais acentuadamente após a eleição de Juscelino Kubitschek, para aqui convergiram, com prioridade estratégica, os investimentos das grandes multinacionais – e com as fábricas vieram as relações públicas profissionalizadas e as práticas de assessoria de imprensa, que, disseminadas pelas empresas nacionais e pela administração pública, vulgarizaram a técnica do *press release* e a eficácia persuasiva dos "favores" e "agravos".

Jürgen Habermas (1984a, p. 226) amplia o espectro das críticas sobre as atividades relacionais das organizações ao situar as atividades de relações públicas como descaracterizadoras da esfera pública. Para ele, as relações públicas transformam falsamente as questões empresariais (da esfera privada) em questões de interesse de toda a sociedade. Lembremos aqui que é no discurso da responsabilidade social corporativa, reivindicada por muitos como prática legítima de relações públicas, que entram fortemente em questão,

Uma visão crítica e abrangente das relações públicas

na atualidade, os temas de um pretenso bem comum. Pense-se, a propósito disso, no que diz Habermas:

"Trabalhar a opinião pública" diferencia-se da propaganda por assumir a esfera pública expressamente como política. Os reclames privados voltam-se toda vez para outras pessoas privadas à medida que entram em consideração como consumidores; o destinatário das *public relations* é a "opinião pública", são as pessoas privadas enquanto público e não enquanto consumidores imediatos. O emissor esconde as suas intenções comerciais sob o papel de alguém interessado no bem comum.

O ácido comentário de Habermas joga luz sobre as retóricas empresariais voltadas para programas de responsabilidade social que não têm por objetivo senão a legitimação da própria existência das organizações, de seus interesses, de seus resultados e dos impactos sobre as sociedades nas quais elas exercem os seus negócios. Essas retóricas baseadas no bem comum, muitas vezes, quando comparadas com as suas implementações efetivas, mostram-se vazias. É o que Eloi Zanetti (2004, p. 99-100) denomina "muito trovão e pouca chuva". Para esse autor,

infelizmente, algumas empresas e seus departamentos ditos de marketing, percebendo que podem tirar vantagens promocionais em aliar-se a causas sociais, aprenderam cedo a usar em vão o santo nome da ecologia, da fome, da miséria, dos meninos de rua.

O mesmo olhar crítico também tem Dupas (2005, p. 120-121), que enquadra as ações de responsabilidade social no contexto da globalização e de seus impactos negativos:

A renovação mais recente da face da filantropia veio por um novo discurso cívico que pretende dar respostas às graves questões sociais surgidas com a globalização, uma espécie de "regulação moral" do capitalismo global. Trata-se, mais uma vez, de parte das estratégias de legitimação do capital, num contexto em que ele é muitas vezes apontado como responsável por vários distúrbios sociais. Ela se autointitulou "responsabilidade social das empresas", uma espécie de "marketing defensivo" em busca de eficácia. (...) Além do mais, essa *filantropia* se adapta

Relações públicas

com vantagem às formas de lucro empresarial: promove a imagem da empresa, agregando valor à sua marca.

O autor mostra ainda que as ideias da responsabilidade social corporativa enfraquecem a participação dos cidadãos no âmbito das políticas públicas, na medida em que fortalecem a noção de gestão privada eficaz de recursos sociais:

> Nesse sentido, essas práticas privadas diluem as referências públicas e políticas na tentativa de redução das injustiças sociais. De fato, embora a nova tendência de *responsabilidade social das empresas* tenha a pretensão de aparecer como solução para as questões de exclusão social, ela é – além de inócua diante da escala do problema – basicamente despolitizadora da questão social, pois pressupõe a desqualificação do poder público; e, portanto, desconhece a possibilidade aberta pelo conflito interno no terreno das próprias políticas públicas para criar compromisso e qualidade diante dos cidadãos.

Na mesma linha crítica traçada por Dupas, Márcio Pochmann (2003, p. 86) aponta que, a partir dos anos 1970, com a crise do *welfare state*, as empresas reforçam os seus discursos de responsabilidade social, ao mesmo tempo em que voltam a pagar baixos salários. Como ilustração de suas críticas, Pochmann lembra que

> houve um autor do século XIX que, ao tratar da fome, denunciou que a sociedade europeia desejava combatê-la plantando trigo em vaso. É impossível acabar com a fome plantando trigo em vaso, e é isso o que as empresas em geral fazem no Brasil. Poucos têm o privilégio de serem incluídos. O que normalmente ocorre é a inclusão de alguns em meio a um enorme processo de exclusão social.

Diante das controvérsias públicas estimuladas e mantidas pelo protagonismo social inerente às relações públicas, Lesly (1995, p. 13-20) pondera que a criação de valor, para as organizações, a sociedade e a própria atividade e o pensamento de relações públicas, acontece na cadeia relacional entre cada organização e seus diferentes públicos.

Uma visão crítica e abrangente das relações públicas

Isso, segundo o autor, se dá por meio de programas integrados de relações públicas e comunicação organizacional que têm objetivos como: aumento da credibilidade da organização e de seus processos, de seus gestores, de seus produtos e serviços; envolvimento dos colaboradores da organização, processo em que a comunicação transparente e ética é fundamental; criação de um ambiente de pertencimento entre os públicos organizacionais, por meio de programas como os de história empresarial; compartilhamento com os públicos da identidade e dos valores organizacionais, tais como a missão e a visão de futuro; desenvolvimento de um ambiente de comunicação e de confiança entre a organização e os seus públicos, entre eles a imprensa; prevenção e minimização de crises potenciais; estabelecimento de boas relações com a comunidade financeira e os investidores; programas de relacionamento e comunicação com a comunidade local ou com as comunidades tradicionais; destaque das contribuições e/ou ligações da empresa com o desenvolvimento do país ou da região onde ela mantém operações ou negócios.

Para reforçar esse ponto de vista, Lesly (1995, p. XI-XIII) demonstra que os grandes fatores impulsionadores da sociedade moderna e de suas organizações não estão mais nos aspectos técnicos da produção, como pensavam os gestores focados apenas em resultados quantitativos (produtividade), mas decididamente no que ele qualifica de clima humano:

A força avassaladora deste mundo em surgimento é o clima humano – a massa de atitudes das pessoas, frente às quais todos os acontecimentos são pensados e determinados. Hoje, a única maneira de conhecer o futuro é ajudar a criar o futuro clima humano. Esse clima está em constante mudança.

Desse fato pode-se inferir também que desenvolver relacionamentos num contexto de comunicação integrada, excelente e ética é fundamental para a criação de valor perene para as organizações. Isso é condição importante para a realização de seus objetivos, porque na atualidade os públicos as percebem, avaliam e legitimam por todas as vertentes da comunicação e não só pela mercadológica. Sem essa

Relações públicas

visão relacional abrangente, que inclui programas de relações públicas e de comunicação organizacional não tradicionais, entre os quais os de história empresarial, elas correm o risco de entrar em conflito com a sociedade e, consequentemente, obstaculizar ou até mesmo inviabilizar o empreendimento.

O que diferencia um profissional qualificado de nível superior de um mero técnico ou prático de relações públicas é exatamente sua formação geral e humanística. Ele não faz as coisas simplesmente por instinto ou por rotina, mas procura no conhecimento científico o embasamento para suas ações. Cada caso ou problema se relaciona com as ciências sociais. Por exemplo, no dia a dia das organizações, como a psicologia, a sociologia, a política, a antropologia e a comunicação podem auxiliar nos princípios e no direcionamento da prática profissional? Dependendo das necessidades, são essas ciências que nos darão respostas para muitas inquietudes no que diz respeito aos processos de integração, às relações de poder, às análises da cultura organizacional e a muito outros fenômenos.

Margarida M. Krohling Kunsch
Pesquisadora e doutora em comunicação
pela Universidade de São Paulo (USP)

Capítulo 2

Relações públicas na gestão das mediações organizacionais

As relações públicas brasileiras, que não ficaram alheias às ideias apresentadas no Capítulo 1 sobre o seu papel e suas perspectivas, têm seu marco inicial em 1914. Nesse ano, a empresa canadense The São Paulo Tramway Light and Power Company Limited, atual Eletropaulo, criou o departamento de relações públicas confiando sua direção ao engenheiro Eduardo Pinheiro Lobo,[1] que a exerceu por 19 anos. Esse feito pioneiro, quando comparado com as iniciativas norte-americanas dos primórdios dos anos 1900, não se propagou de imediato pelos setores empresariais e institucionais, em razão, principalmente, do baixo desenvolvimento industrial da sociedade brasileira.

Foi somente a partir da década de 1950 que as relações públicas começaram a adquirir vigor em nosso meio. Ocorreram então os pri-

---

1. Em 1984, pela Lei Federal nº 7.197, Eduardo Pinheiro Lobo conquistaria o título de patrono da profissão no Brasil, comemorando-se a data de seu nascimento, 2 de dezembro, como o Dia Nacional das Relações Públicas.

Relações públicas na gestão das mediações organizacionais

meiros eventos significativos que marcaram realmente sua história. Entre eles, segundo M. Kunsch (1997, p. 19-22), destaca-se a criação, em 1951, na Companhia Siderúrgica Nacional (CSN), do primeiro departamento de relações públicas genuinamente brasileiro; em 1952, da primeira agência brasileira de relações públicas, a Companhia Nacional de Relações Públicas e Propaganda; em 1953, no Rio de Janeiro, dos primeiros cursos regulares avulsos[2] de relações públicas, na Escola de Administração Pública da Fundação Getulio Vargas (FGV-RJ); e, em 1954, da Associação Brasileira de Relações Públicas (ABRP). Para a autora, esse período e as duas décadas seguintes foram fundamentais para o florescimento da área e a institucionalização de suas atividades no mundo empresarial:

> As multinacionais trouxeram consigo uma cultura de valorização da comunicação, sobretudo das áreas de propaganda, publicidade e relações públicas. No que se refere a estas, muitas empresas, sobretudo às do ramo automobilístico, reproduziram aqui as experiências já vivenciadas em seus países de origem, criando os primeiros departamentos do setor, que começou a se firmar como responsável pela comunicação empresarial, às vezes até em nível de diretoria. Para atender a seus grandes clientes, que queriam serviços especializados de relações públicas, as maiores agências de propaganda incluíram em seus organogramas divisões específicas para a área. Estas viriam a constituir-se em celeiros de grandes profissionais que, nas décadas seguintes, montariam suas próprias assessorias ou empresas de relações públicas.

2.1 Um campo de espectro amplo

As notícias, as ações e a literatura de relações públicas produzidas pelos profissionais brasileiros das décadas de 1950 e 1960 nos mostram que estes, no mínimo, estavam informados sobre a abrangência e perspectivas dessa área, já marcada por imbricações na administração, na

---

2. O primeiro curso superior de relações públicas surgiria em 1967, na Escola de Comunicações e Artes da Universidade de São Paulo (ECA-USP).

Relações públicas

política e na comunicação. É de 1963 a obra *Para entender relações públicas*, de Candido Teobaldo de Souza Andrade, primeira obra nacional da área que seria lida e utilizada pelas gerações das décadas seguintes. Nela o autor se debruça sobre textos de precursores das relações públicas brasileiras, entre eles Benedito Silva, e de autores clássicos da área, como Edward L. Bernays, para apurar o entendimento que esses iniciadores tinham dos conteúdos relacionados às relações públicas.

Um intercâmbio de qualidade já se estabelecia entre a comunidade brasileira de relações públicas e a norte-americana. Harwood Childs (1964, p. 26), autor norte-americano de referência para a comunidade de relações públicas da época, quando esteve no Brasil, em 1955, expressou da seguinte forma a abrangência da atividade para os relações-públicas brasileiros:

> O consultor de relações públicas deve ser algo mais do que um divulgador, um jornalista ou um estatístico. Deve ser um cientista social capaz de aconselhar a administração relativamente ao ambiente em que está operando.

Veja-se que Childs coloca luz sobre um profissional que tem a sua prática embasada nas ciências sociais, longe de ser uma atividade voltada apenas para a difusão de informações, que vinha sendo uma marca forte dos primeiros tempos da área. Essa abrangência postulada pelo autor nos anos 1950, dando sequência ao posicionamento do norte-americano Edward Bernays (1923) e antecipando o do brasileiro Teobaldo de Souza Andrade (1962), de início não foi alcançada entre nós. Basta que se analisem as atividades cotidianas dos relações-públicas, quase sempre preenchidas pela produção de periódicos, pelo gerenciamento de eventos e pela assessoria de imprensa, seja dentro das empresas brasileiras, seja nas agências de publicidade instaladas no país.

Essa redução da identidade e da missão de relações públicas no gerenciamento das mediações organizacionais se aprofundará a partir dos anos 1960, quando os estudos da área se deslocarão para as escolas de comunicação e os setores organizacionais trocarão o seu papel de gestores dos processos de comunicação pelo de produtores desses processos. Uma das

Relações públicas na gestão das mediações organizacionais

causas dessa transformação foi o arrefecimento das pressões da opinião pública sobre a área, não apenas no Brasil, mas também no âmbito internacional. Trata-se, aliás, de um fenômeno que sempre se fez presente na trajetória dessa atividade. Note-se, a propósito, como, dos primeiros anos do século XX até a Depressão de 1929, as relações públicas tiveram de se preocupar com questões do âmbito do interesse público e da formação da opinião pública. Durante a Segunda Grande Guerra (1939-1945), elas seriam de alguma forma "domesticadas" pela propaganda e, no período que se seguiu, até bem recentemente, pela publicidade.

Sobre esse período histórico de poucas oportunidades para as relações públicas e para a comunicação organizacional no Brasil, foi publicado o artigo "Viva a mestiçagem" (Nassar, 2004a), do qual se extraiu a seguinte análise:

> Era o tempo de incomunicação corporativa – que pode ser sintetizado por um filmete produzido pela ditadura de Vargas, que apresenta os operários da Companhia Siderúrgica Nacional (CSN) como um exército de bonequinhos de lata, sem cara, sem expressão, puro chão de fábrica. (...) Com as transformações do ambiente da produção brasileira, baseada até então em *commodities* agrícolas e ampliada, pelas políticas desenvolvimentistas, para uma economia assentada também em bens de consumo, entre eles eletrodomésticos e carros, a comunicação corporativa começa a mudar nos anos 1950 e 1960. É nessas duas décadas que se firmam na cabeça dos fregueses brasileiros marcas, por exemplo, como Brastemp, Gessy, lâmpadas GE, Leite Ninho, Gillette, Kolynos, Maizena, Palmolive e outras. No âmbito acadêmico são criadas escolas como a Fundação Getúlio Vargas (FGV), a Escola de Comunicações e Artes da Universidade de São Paulo (ECA-USP) e a Escola Superior de Propaganda e Marketing (ESPM).

2.1.1 Relações públicas e jornalismo empresarial

Gaudêncio Torquato, em seu livro *Jornalismo empresarial: teoria e prática* (1984), descreve, em uma linha do tempo que se inicia no final dos anos 1920, a produção de revistas, jornais e boletins, sempre dentro de uma estratégia de relações públicas, em empresas como General

Relações públicas

Motors, Renner, Banco do Brasil e Alcan, entre outras. Essa obra tem hoje um grande valor histórico pelo seu pioneirismo e por descrever o movimento e o momento de inflexão, a partir dos anos 1960, em que as relações públicas começaram a ceder parte de seus papéis e espaços para jornalistas e profissionais dos antigos departamentos de relações industriais e de pessoal, os atuais departamentos de recursos humanos. Torquato (1984, p. 29-33) discorre com precisão sobre os pontos que dão consistência à utilização legítima de publicações como processos associados às relações públicas e também o esgarçar desses pontos que a ligam a essa atividade. Vejamos a síntese do autor:

> Desde o seu aparecimento, as publicações *sempre* (grifo do autor) foram considera-
> das veículos a serviço das relações públicas. Com isso concordam autores como Jean
> Chaumely e Denis Huisman, Scott Cutlip e Allen Center, Paul I. Slee Smith, Ber-
> trand Canfield, James Derriman, Herbert Baús e os brasileiros Candido Teobaldo
> de Souza Andrade, J. R. Whitaker Penteado, Martha Alves D'Azevedo, Roberto
> Paula Leite, entre outros.

Teobaldo de Souza Andrade (1963, p. 167-168, apud Torquato, 1984), foi o primeiro a mencionar os veículos de comunicação dirigida como instrumentos estratégicos de relações públicas, detalhando como seus objetivos:

> 1) explanação das políticas e diretrizes da empresa; 2) informações a respeito
> dos processos de trabalho; 3) humanização das atividades da empresa através de
> notícias relativas ao seu pessoal; 4) promoção de campanhas de segurança e de
> interesse geral; 5) interpretação do papel da empresa na comunidade; 6) melhoria
> do moral dos empregados; 7) facilidade de compreensão e respeito mútuo entre
> a empresa e os seus públicos.

Vale ainda comentar que os objetivos relacionados às publicações, na abordagem delas feita por esses autores, são claramente de relações públicas e também de relações humanas. O importante é entender que essa convergência entre os dois campos, apontada pioneiramente, no

Relações públicas na gestão das mediações organizacionais

Brasil, por Andrade (1965, p. 131-133) e também por Celso Magalhães (1970), não significa necessariamente uma diminuição dos papéis de relações públicas. É antes um reposicionamento desses papéis diante da necessidade de se trabalhar em parceria com outras áreas profissionais, dentro de um enfoque que vai muito além da criação e produção de veículos de comunicação, abrangendo as estratégias de todos os relacionamentos organizacionais e não só das relações com os empregados. Essa visão do todo organizacional operacionalizado pela área de relações públicas é que pode consolidar políticas e ações de uma comunicação integrada, na forma em que a concebe M. Kunsch (2003, p.178-186), levando a organização a ter sua identidade percebida de uma forma por todos os seus públicos e pela sociedade.

No contexto dos anos 1950 e 1960, segundo Torquato (1984, p. 29-33), as responsabilidades pelas publicações empresariais se fragmentaram por entre diferentes setores, escapando do escopo de um trabalho de relações públicas: "Ora é o departamento de Vendas que edita uma publicação para vendedores; ora é o departamento de Pessoal que tira das relações públicas a responsabilidade sobre a publicação interna."

Essa constatação de Torquato, pioneiro brasileiro na pesquisa do que se denominou jornalismo empresarial, denota uma indefinição reinante, na época, quanto à teoria e à prática de relações públicas. Como se depreende das exposições de Andrade e de Torquato, não foi por falta de munição que seus profissionais foram perdendo parte de seu espaço. As causas desse enfraquecimento são exógenas à teoria e à história da área, como veremos mais adiante.

É preciso considerar que, em boa medida, isso também foi consequência do período de ditadura militar (1964-1985), quando pouca importância se dava ao fortalecimento do interesse público e à formação da opinião pública. No ambiente das instituições governamentais, fazia-se presente o aparato da Assessoria Especial de Relações Públicas (Aerp),[3] comandada

---

3. Criada no governo do general Artur Costa e Silva (1967-1969), foi substituída em 1974 pela Assessoria de Imprensa e Relações Públicas (Airp) e, em 1979, pela Secretaria de Comunicação (Secom).

Relações públicas

por militares, cujo trabalho tinha em vista, principalmente, além de evitar a exposição do que ocorria nas "áreas de segurança nacional", divulgar, por meio de propaganda ou do jornalismo oficial, os feitos do que se convencionou chamar "milagre brasileiro". Essa ação de comunicação militar sob a embalagem de uma área pretensamente denominada de relações públicas pode ser considerada um dos fatores de enfraquecimento da atividade e, pior, de sua demonização em face dos inúmeros públicos e da sociedade brasileira, que, equivocada, infelizmente começou a identificar seu pensamento como sendo de direita, politicamente falando. M. Kunsch (1997, p. 26-27), discorrendo sobre a Aerp, e suas sucessoras Airp e Secom, refere-se aos danos que a vinculação da imagem das relações públicas aos militares trouxe ao desenvolvimento da área no Brasil:

> Acreditamos que a atuação agressiva dessa assessoria contribuiu para formar um conceito negativo da essência das relações públicas junto a formadores e multiplicadores de opinião, em um período tão conturbado da vida nacional. Justamente nos meios intelectuais, artísticos, sindicais e da mídia é que a atividade da Aerp passou a ser vista como suspeita e enganosa.

Numa leitura da pesquisa que levara a efeito, a autora afirma:

> Houve quase um consenso na afirmação de que essa interferência do regime militar, tanto na década de 1960 (por meio da Aerp) como nas décadas de 1970 e 1980 (por meio da Assessoria de Imprensa e Relações Públicas – Airp e da Secretaria de Comunicação Social – Secom) (...), contribuiu para criar equívocos sobre o papel das relações públicas na sociedade.

Torquato (1998, p. 14), em depoimento ao Conselho Superior de Comunicação Social da Associação Brasileira de Comunicação Empresarial (Aberje), mostra as tintas ideológicas com que, principalmente nas duas décadas em que durou o regime militar no Brasil, se pintavam as relações públicas e a comunicação organizacional brasileiras, caracterizando-se seus autores como "aéticos por excelência e dados à corrupção e ao poder de cooptação. Um inferno, por assim dizer".

Relações públicas na gestão das mediações organizacionais

Com base no que disseram M. Kunsch e Gaudêncio Torquato, é tentador afirmar que, paradoxalmente, um pensamento e uma atividade que têm como foco o diálogo, o estímulo aos relacionamentos públicos, a harmonização entre controvérsias, foram nos anos de ditadura identificados como o oposto de sua essência. Sem dúvida, as relações públicas brasileiras foram mais uma vítima da ditadura e, num espectro maior, da Guerra Fria.

Nesse período histórico, o direcionamento de relações públicas para as atividades consideradas, no setor privado, meios de divulgação dentro dos contextos de marketing e da propaganda governamental é reflexo da impossibilidade de promover o bem-estar público. A isso se somou, em 26 de setembro de 1968, a regulamentação da profissão, que passou a ser privativa de bacharéis de comunicação social com habilitação em relações públicas. Foi uma verdadeira anomalia, quando já se sabia, e se sabe cada vez mais, que as demandas da atividade não eram apenas comunicacionais, mas também tinham origens em áreas como o direito, a filosofia, a política, a administração, entre outras, como demonstraram Bernays (1923), Childs (1964) e Andrade (1965).

Com isso, as relações públicas, além de se fecharem para as contribuições de outras áreas científicas e práticas, apequenou-se, confundindo-se bastante com inúmeras atividades de comunicação. A regulamentação foi criticada pelos principais profissionais e pesquisadores das relações públicas no Brasil, entre eles José Rolim Valença (apud Kunsch, M., 1997, p. 25), que é contundente em suas palavras:

> Houve um exagero de protecionismo e corporativismo que fecharam as fronteiras do "título" de relações-públicas a qualquer um que não fosse diplomado, embora em termos práticos um diploma nada tenha a ver com o valor ou a eficácia do profissional de comunicações. (...) O canibalismo desse excesso de regulamentação e de burocracia derrubou o telhado sobre os próprios profissionais de comunicação, que finalmente descobriram que não são tão indispensáveis assim.

O descolamento das relações públicas da criação de políticas, do planejamento e do controle das atividades mediadoras organizacionais

Relações públicas

não é algo que se restringiu ao segmento de publicações dirigidas, mas que afetou também as mediações entre empresa e comunidade, entre empresa e governo e entre empresa e imprensa.

No caso das publicações dirigidas, como dito, as relações públicas perderam espaço para os jornalistas, que começaram a trabalhar, na época, em conjunto com a área de pessoal das empresas, quando não sob o comando delas. A fundação da Associação Brasileira dos Editores de Jornais e Revistas de Empresa (Aberje), sob o patrocínio da Associação Brasileira de Administração de Pessoal (Abape), em 1967, é o maior exemplo disso.

Nos relacionamentos organizacionais com a comunidade e com o governo, as relações públicas abriram espaço para os publicitários. Um dos maiores nomes brasileiros, Mauro Salles (1998, p. 35), relata com precisão um desses momentos:

> Fiz o meu primeiro trabalho publicitário quando trabalhava na redação do jornal *O Globo*, no Rio de Janeiro. Era um *free lance* para a McCann Erikson, para a conta da Esso. Em 1964, quando eu era redator automobilístico do jornal, fui convocado por José Alcântara Machado e Alex Periscinoto para ajudá-los a organizar um grande plano de comunicação que a agência Alcântara Machado estava produzindo. Foi o primeiro grande plano de comunicação oferecido a uma indústria automobilística brasileira, *e a agência não queria fazer só a parte publicitária e de marketing, mas um quadro mais amplo de comunicação e relações públicas* (grifo do autor). O mesmo aconteceu com maior força ainda nas relações das empresas com a imprensa. Impulsionado pela saturação do mercado profissional de jornalismo no Brasil, um contingente de jornalistas transformou-se em assessores de imprensa.

Esse processo foi agravado pelo perfil profissional dos relações--públicas e comunicadores organizacionais da época, caracterizado por Gaudêncio Torquato, em sua obra de 1985. Esse conjunto dos comunicadores empresariais podia ser caracterizado, na visão de Frank Corrado (1994, p. 58), como uma "comunidade de artesãos" ou "mercadores de imagem", expressão cunhada por Andrade (1989, p. 114). Eram jornalistas, relações-públicas e operadores de ações das áreas de pessoal, que

Relações públicas na gestão das mediações organizacionais

nas empresas criavam e produziam os jornais, as revistas e os eventos com objetivos de integração ou meramente festeiros.

Um primeiro exemplo do perfil dos comunicadores e das preocupações instrumentais de então pode ser visto na criação da já citada Associação Brasileira dos Editores de Revistas e Jornais de Empresas,[4] em 8 de outubro de 1967, em São Paulo, por um grupo de cerca de cinquenta jornalistas e relações-públicas de empresas multinacionais, principalmente norte-americanas. O objetivo inicial da entidade era profissionalizar a produção das publicações empresariais, em sua maioria feitas de maneira amadora. Escreve Paulo Nassar (2001, p. 95):

> O objetivo (da Aberje) de mudar o paradigma tecnológico das publicações empresariais brasileiras foi expresso na oficialização da entidade, em 9 de novembro de 1968, no auditório da *Folha de S.Paulo*, realizada juntamente com a eleição de sua primeira diretoria. O estatuto da entidade deixava claro que a sua missão seria: "reunir e integrar todos os profissionais, estudiosos e entidades cujas atividades estivessem ligadas às revistas e aos jornais de empresas; propugnar para que os nomes dos responsáveis por esses veículos fossem mencionados em seu expediente; defender os interesses da classe; *aprimorar o padrão técnico e cultural das publicações mediante um intercâmbio no país e no exterior, abrangendo troca e análise de experiência, estudos de novas técnicas e sua divulgação* (grifo do autor); incrementar a realização de seminários, conferências, cursos, palestras e congressos".

Segundo o autor, o surgimento da Aberje também se relacionava com os objetivos da administração de relações humanas:

> Nesse contexto, de mudança na matriz produtiva brasileira e da ênfase na comunicação de marketing, surge, em 1967, a Aberje, inicialmente movida pelo objetivo humanista e de relações humanas de melhorar a comunicação voltada para o operariado, por meio de revistas e jornais mais bem produzidos editorial e grafica-

---

4. Em 1989, mantendo a sigla já consagrada de Aberje, passou a ser chamada de Associação Brasileira de Comunicação Empresarial, tendo, no final dos anos 1990, registrado também o nome de Associação Brasileira de Comunicação Organizacional.

Relações públicas

mente. (Estava) entre os primeiros sonhos dos aberjeanos: transformar por meio de publicações o operário braçal, objeto de uma comunicação taylorista, baseada no "manda quem pode, obedece quem tem juízo", em operário-leitor, que pudesse compreender e valorizar mensagens além dos memorandos administrativos.

Como se pode depreender da missão inicial da Aberje, as grandes perguntas dos comunicadores empresariais daqueles anos iniciais da ditadura militar se restringiam à produção de mídias no contexto das práticas de administração. Como pensar e produzir os veículos impressos? Como dignificar, perante administrações, jornais e revistas internos e, também, seus produtores?

Na ata de fundação da Aberje fica claro que esses editores de jornais e revistas (muitos deles relações-públicas) não pensavam as suas publicações empresariais no contexto das políticas e do planejamento organizacionais. Grosso modo, eles trabalhavam suas publicações apenas no âmbito de suas técnicas de produção. Nassar (2001, p. 97) descreve esse envolvimento apenas com o fazer:

> A preocupação com o aprimoramento das técnicas relacionadas com a produção de revistas, jornais e boletins é clara e tem mais um exemplo, em outubro de 1972, nas palestras da III Convenção Nacional de Editores de Revistas e Jornais de Empresa (III Conerje). Em uma delas, cujo tema era "Técnicas de jornalismo empresarial", o palestrante Raul Wassermann detalha didaticamente o que significam coisas como diagrama, diagramação, *lay out*, *paste-up*, arte-final, composição, clichê, impressão, tipografia e *off set*. Em outra palestra daquele evento é relatado como montar uma "estrutura de captação de informações" para a produção de uma publicação interna.

No âmbito dos prestadores de serviços de relações públicas na década de 1960, existia um pequeno número de agências específicas para a atividade. O que eram, na época, as relações públicas no Brasil, mais especificamente em São Paulo e no Rio de Janeiro? – pergunta-se Carlos E. Mestieri (2004, p. 16), cuja graduação inicial foi em Direito. Escreve ele:

Relações públicas na gestão das mediações organizacionais

Destacavam-se os departamentos internos das grandes empresas multinacionais, entre elas, apenas a título de exemplo, a Esso, no Rio de Janeiro, e a Light e a Nestlé, em São Paulo, além das montadoras de veículos. Empresas ou agências de relações públicas havia apenas duas, a AAB em São Paulo e outra no Rio de Janeiro.

No que consistia o trabalho dessas agências pioneiras de relações públicas? É ainda Mestieri (2004, p. 15) quem nos dá a pista:

Estamos em 1963. José Carlos Fonseca Ferreira e José Rolim Valença haviam recém-fundado a AAB – Assessoria Administrativa do Brasil, uma empresa de relações públicas, e realizado um estudo para uma indústria farmacêutica. Utilizando já àquela altura as técnicas de auditoria de opinião pública, chegaram à conclusão de que os problemas de imagem enfrentados pela empresa, entre os seus diversos públicos – governo, imprensa, médicos e estudantes –, não eram particulares da empresa, mas, sim, do setor como um todo. Surge daí a recomendação da criação de uma associação, para que as atividades de relações públicas constantes de um programa integrado de comunicação pudessem ser desenvolvidas em nome do setor, tendo, portanto, seus custos diluídos. Daí, resultou a Abif – Associação Brasileira da Indústria Farmacêutica (hoje, Abifarma), para a qual a AAB realizaria trabalhos por quase quinze anos, recebendo por isso vários prêmios internacionais. Ora, essa recomendação e o ambicioso trabalho a ser desenvolvido exigia um grupo de pessoas com capacidade de exercer as atividades com os públicos governo, área educacional, imprensa e outros.

Foi nessa época, segundo o autor, que iniciaram as suas carreiras Vera Giangrande e Antonio De Salvo, relações-públicas que deixaram suas marcas na história da comunicação organizacional brasileira. Do depoimento de Mestieri é possível inferir ainda que as demandas apontavam para um profissional com formação ampla, de origens diversas. Essa possibilidade seria cerceada em 1968, com a regulamentação das relações públicas.

80

Relações públicas

2.1.2 Relações públicas e assessoria de imprensa

Durante os anos 1970, predominavam as assessorias de imprensa, cuja atuação está focada no relacionamento com a imprensa econômica. Esse direcionamento é explicado em parte pelos anos de forte crescimento econômico do país e pela realização de grandes obras, como a usina hidrelétrica de Itaipu, ícone do "milagre brasileiro".

Deve-se destacar que a prática da assessoria de imprensa como atividade desvinculada das estruturas, teorias e práticas de relações públicas tem como triste efeméride o acordo firmado, em 1983, entre Vera Giangrande, que presidia o Conselho Nacional de Profissionais de Relações Públicas (Conrerp), e Audálio Dantas, na época presidente da Federação Nacional dos Jornalistas (Fenaj). Escreve Chaparro (2002, p. 46): "Pelo acordo, a área de relações públicas aceitava ceder aos jornalistas a reserva de mercado da assessoria de imprensa." Tal decisão, enfiada pela goela dos relações-públicas, politicamente rejeitados e enfraquecidos, por motivos já relatados neste capítulo, contribuiu para distorcer a visão que se deve ter dos vínculos relacionais entre a organização e a imprensa.

O *Manual de assessoria de imprensa*, editado em 1986 pela Fenaj, um documento sindical com linguagem politizada e de confrontação com a ditadura militar encerrada em 1985, reproduz a essência do acordo de 1983 entre a Fenaj e o Conrerp, focada na autonomia da assessoria de imprensa em relação às relações públicas. O texto, sem nenhum embasamento teórico ou histórico, afirmava:

> Os profissionais de assessoria de imprensa são, antes de tudo, jornalistas. Eles vieram preencher uma lacuna atendida indevidamente por profissionais de outros setores, entre eles recursos humanos, marketing e promoções. Seu trabalho visa contribuir para o aperfeiçoamento da comunicação entre a instituição, seus funcionários e a opinião pública. Dentro de uma perspectiva social que privilegia essa última, a assessoria de imprensa agiliza e complementa o trabalho do repórter, subsidia-o e lhe oferece alternativas adequadas, garantindo o fluxo de informações para os veículos de comunicação – porta-vozes da opinião pública (Fenaj, 1986, p. 8-9).

81

Relações públicas na gestão das mediações organizacionais

O documento da Fenaj expressava uma visão sindical estreita, deixando de compreender que o relacionamento com a imprensa há muito se achava contextualizado nas políticas e estratégias de relações públicas e de negócios das organizações, tendo essa atividade cabido sempre ao profissional que exerce a função de administrar a comunicação *no âmbito dos relacionamentos públicos* (grifo do autor). Note-se, a propósito, o que afirma Luiz Amaral (2002, p. 64-67). Ao escrever sobre a atividade de assessoria de imprensa nos Estados Unidos, o autor analisa o que são as relações públicas para o norte-americano:

> O exercício formal do que hoje é chamado de relações públicas tem menos de cem anos.[5] Durante a sua atribulada história, elas foram definidas de diferentes formas. Não surpreende que as primeiras definições tenham enfatizado o papel das agências de imprensa e publicidade, por terem sido suas principais fontes de inspiração. As definições começam por incluir: necessidade de pesquisa como preparo para o início de qualquer operação, planejamento cuidadoso e avaliação de resultados; exigência de um processo contínuo e sistemático em vez de uma operação única; existência de múltiplas audiências ou públicos; seu papel como função essencial de gerenciamento; participação pública, mediação, arbitragem e acomodação como instrumentos importantes; necessidade, na maioria dos casos, de um compromisso de longo prazo.

As considerações levantadas por Amaral baseiam-se na definição que, em 1988, a Public Relations Society of America (PRSA) adotou para relações públicas: "atividade que ajuda uma organização e seu público a se adaptarem mutuamente", implicando as funções essenciais de pesquisa, planejamento, diálogo e avaliação. Para o autor, a palavra-chave é "organização, em vez da limitada implicação de *companhia* ou *negócio*, e *públicos*, o que reconhece que toda organização tem múltiplos públicos dos quais precisa de aprovação e apoio". Continua o autor:

---

5. O primeiro centenário de relações públicas ocorreu oficialmente em 2006.

Relações públicas

Outra ideia de relações públicas é que elas contribuem para estabelecer imagens e reputações e instilar confiança em seus clientes e contatos. As relações públicas são embaixadoras de boa vontade do comércio e da vida pública. Pensamento popular: leva tempo para construir uma reputação, mas bastam segundos para destruí-la. Muito do trabalho *é feito por intermédio da mídia* (grifo do autor), mas podem ser usados outros métodos para transmissão da mensagem. São comuns, nos Estados Unidos, feiras, exposições, conferências e *shows* ambulantes, audiovisuais de produtos e serviços, literatura como *house-organs*, *posters*, folhetos e brochuras, competições e encontros comerciais.

Luiz Amaral conclui seu pensamento com um destaque enfático à assessoria de imprensa como instrumento de relações públicas:

Depois deste breve passeio pela história e pela atualidade, fica-nos a certeza da importância e da modernidade das assessorias de imprensa, instrumentos imprescindíveis de relações públicas, no momento em que as palavras de ordem são diálogo, participação, troca, comunicação, globalização.

2.2 A abrangência das relações públicas

Sobre a abrangência de relações públicas, diversos outros autores – muitos deles já bem antes de surgirem as contendas corporativistas entre jornalistas e relações-públicas – apresentam uma lista extensa de tarefas associadas à atividade, que incluem, mas ultrapassam em muito, a tradicional assessoria de imprensa.

Citem-se, entre outros: Bertrand Canfield (1961); Scott Cutilip e Allen Center (1963); Harwood Childs (1964); C. Teobaldo de Sousa Andrade (1965); e, já mais recentemente, James Grunig e Todd Hunt (1984); Frank Corrado (1994); Philip Lesly (1995); Raymond Simon (1999); J. Barquero Cabrero (2002); Jordi Xifra (2003); Waldyr G. Fortes (2003); e Margarida M. K. Kunsch (2003).

Veja-se, por exemplo, o que Denis Lindon et al. (2004, p. 350) relacionam como objetivos de relações públicas:

Relações públicas na gestão das mediações organizacionais

Aumentar a credibilidade, quer da empresa, quer dos seus produtos e serviços; manter os colaboradores da empresa bem informados sobre as suas atividades, contribuindo para o seu envolvimento; criar um sentimento de pertencimento; gerar o compartilhamento de valores comuns entre colaboradores; estimular a força de vendas e os distribuidores; melhorar a imagem da empresa e de suas marcas; criar ou aumentar a notoriedade da empresa e dos seus produtos/serviços; desenvolver uma atmosfera de confiança com os órgãos de comunicação social; prevenir e minimizar o impacto de eventuais crises; orientar a gestão da empresa em função do *feedback* recebidos dos públicos; capitalizar o *goodwill* da empresa junto das entidades governamentais, fornecedores e comunidade financeira; atrair investidores; criar boas relações de vizinhança com a comunidade local; destacar as contribuições da empresa para o desenvolvimento do país ou da região.

A abrangência da área pode ser avaliada pelo que M. Kunsch (2003, p. 128) denomina "dimensões da práxis". Reforçando as posições dos outros autores citados, ela arrola, em síntese, as seguintes atividades de relações públicas, voltadas essencialmente aos aspectos institucionais das organizações:

Serviço de consultoria de alto nível; planejamento, organização e execução de eventos; *relações com a mídia/assessoria de imprensa* (grifo nosso); coordenação de publicações institucionais – jornais, revistas, livros especiais, relatórios, boletins etc.; pesquisa de opinião pública; pesquisa institucional; auditoria de opinião; auditoria de imagem; auditoria de comunicação organizacional; organização e acompanhamento de visitas programadas; edição e distribuição de publicações institucionais; realização de projetos culturais; programas especiais para o público interno; projetos e ações sociais – balanço social; relatórios de responsabilidade social; serviço de atendimento ao consumidor; atividades em apoio a marketing; propaganda institucional; organização de *mailings* e relações de públicos estratégicos; marketing político; marketing de relacionamento; marketing cultural; marketing social.

A esse elenco podemos acrescentar as atividades que geram hoje planejamento de relações públicas e de comunicação organizacional, com a incorporação das novas tecnologias digitais. No Quadro 2.1

Relações públicas

(Nassar, 2006b, p. 156-157), são apontados, para cada uma das subáreas do composto da comunicação organizacional integrada real (Kunsch, M., 2003, p. 151), exemplos de ações possíveis no mundo virtual, que se caracteriza pela formação de redes de relacionamento atópicas e que atravessam transversalmente os inúmeros públicos.

Quadro 2.1 – Áreas e subáreas do composto de comunicação integrada real e exemplos de aplicações no mundo virtual

Comunicação institucional e suas áreas de atuação	Exemplos de aplicações virtuais em sites ou portais voltados para diferentes públicos e a sociedade
Relações públicas	Posicionamento no espaço virtual da organização perante os diferentes públicos, mercados e a sociedade
Jornalismo empresarial	E-publicações, agências de notícias on-line, atualização e manutenção de conteúdos em sites, blogs, portais, entre outros
Relações com a imprensa	Sala de imprensa virtual, coletivas de imprensa, infoclippings, monitoramento da imagem com a imprensa, entre outros
Editoração multimídia	Web design
Propaganda institucional	Vitrine virtual para as crenças, valores e tecnologias organizacionais
Responsabilidade histórica	Vitrine virtual para a memória organizacional
Responsabilidade social	Vitrine virtual para programas e ações sociais
Responsabilidade cultural	Vitrine virtual para programas, patrocínios, ações culturais
Comunicação interna e administrativa e suas áreas de atuação	**Aplicações virtuais em sites ou portais voltados para o público interno**
Relações públicas (ações para os colaboradores)	E-posicionamento da organização perante os diferentes públicos, mercados e a sociedade
Jornalismo empresarial	E-publicações internas, agências de notícias on-line
Editoração multimídia	Web design
Responsabilidade histórica (ações e divulgação para os colaboradores)	Vitrine virtual para a memória organizacional

continua

Relações públicas na gestão das mediações organizacionais

continuação

Comunicação interna e administrativa e suas áreas de atuação	Aplicações virtuais em sites ou portais voltados para o público interno
Responsabilidade social (ações e divulgação para os colaboradores)	Vitrine virtual para programas e ações sociais
Responsabilidade cultural (ações e divulgação para os colaboradores)	Vitrine virtual para programas, patrocínios e ações culturais
Apoio à educação corporativa	E-learning
Ferramentas gerenciais	Planejamento, operação e atualização de conteúdos de ferramentas gerenciais digitais
Comunicação mercadológica e suas áreas de atuação	**Aplicações virtuais em sites ou portais voltados para diferentes públicos, o mercado e a sociedade**
Marketing	E-posicionamento mercadológico, e-pesquisas de mercado, políticas de segmentação e personalização de conteúdos
Propaganda do produto	E-campanhas publicitárias e promocionais
Promoção de vendas	
Vendas	E-commerce, serviços de pré e pós-venda
Feiras e exposições	E-feiras, e-PDV
Marketing direto	Marketing viral, e-mail marketing
Ferramentas de relacionamento e gerenciais	CRM, call-centers digitais, database (construção e manutenção)

Fonte: Kunsch, M. (2003, p. 151) e Nassar (2006b).

2.2.1 Dimensões relacionais das organizações

As atribuições apresentadas por Lindon et al. (2004), Corrado (1994), M. Kunsch (1997, 2003), Nassar (2006) e outros autores apenas reforçam a ideia de que, ao falarmos de relações públicas, estamos descrevendo um universo com características fortemente políticas, institucionais e negociais. Nesse âmbito, o relacionamento com a imprensa e outros públicos estratégicos das organizações só tem a ganhar em significação e eficácia com um trabalho integrado. Diz Corrado (1994, p. 32), a propósito das qualificações dos comunicadores organizacionais, dentro dessa nova dimensão:

Relações públicas

Anteriormente, os cargos da área eram ocupados por jornalistas que queriam escapar dos baixos salários, das longas horas e das pressões do jornalismo. Mas, à medida que as comunicações e as informações se tornaram questões mais importantes para a sociedade norte-americana e os riscos aumentaram, em muitas firmas a administração superior decidiu que o cargo é importante demais para ser deixado a jornalistas e, em muitos casos, as posições elevadas têm sido ocupadas por especialistas em direito, finanças, marketing e administração.

No Brasil, entre as ideias diferenciadas e instigantes que explicam as relações públicas encontram-se as de Roberto Porto Simões 2001, p. 49; 54-55), que considera a "iminência do conflito no sistema" a razão primeira de ser da área. O processo de comunicação e os seus elementos são apenas partes operacionais de programas de relações públicas, que se assentam em diversas dimensões relacionais das organizações. O mais importante, o que define as relações públicas, é "a gestão da função organizacional política", com o objetivo de alcançar, entre os que se relacionam com a empresa ou instituição, "a cooperação no sistema para a consecução da missão da organização". O autor analisa as dimensões cultural, econômica, política, ideológica, histórica, jurídica e filosófica dos relacionamentos sociais das organizações. Para ele,

as diversas dimensões não designam novos tipos de relação, mas aspectos específicos da relação social entre a organização e seus públicos. (...) A organização e os públicos, no seu transacionar, sustentado por um processo de *comunicação*, no qual a *informação* é matéria-prima, formam *um sistema social*.

Sobre a dimensão cultural, ele pondera que, "ao existir, toda a sociedade faz *cultura*; logo, toda relação social possui uma dimensão cultural. A relação cultural não é algo diferente da relação social, mas somente uma qualidade dessa relação". Essa dimensão se expressa nas construções humanas da organização, entre as quais estão as crenças, os valores, as normas, as tecnologias, *as histórias e lendas* (grifo do autor) e os rituais, que formam a cultura organizacional. Cabe, assim, aos relações-públicas analisar esses aspectos para avaliar o seu

Relações públicas na gestão das mediações organizacionais

impacto nas relações sociais no âmbito das empresas e instituições. Acrescenta o autor, sobre essa dimensão cultural:

O sistema, ao fazer cultura, necessita de recursos que, normalmente, são escassos. As partes componentes do sistema buscam, então, as melhores alternativas para recursos escassos. Buscam fazer economia; portanto, toda dimensão social, além de cultural, é também econômica.

Quanto à dimensão política dos relacionamentos organizacionais, ele diz que,

por princípio da natureza humana, cada parte componente da sociedade organiza-ção-públicos deseja para si mesma os melhores e maiores recursos. Assim, esfor-çam-se para ter *o poder de decisão sobre eles ou, então, influenciar a decisão do outro componente sobre tais recursos*. Existe uma relação de poder. O sistema social possui mais uma dimensão: *a política*. (...) A decisão será tomada de acordo com os interesses da parte que conseguir argumentar e justificar seu ponto de vista por meio de uma ideia-força – uma ideologia – um conjunto de ideias motivadoras à ação, aderidas pela mente dos participantes ou fazendo parte da cultura da sociedade na qual se inserem. O sistema social contém, também, uma dimensão *ideológica*.

A inserção da dimensão política nos horizontes do pensamento e do planejamento de relações públicas e de comunicação organizacional é postulada também por Nassar (2005, p. 126-127). Para ele:

Os atos da política e da comunicação são atos da gestão. Vale recorrer a Bobbio (1992, p. 954) para entendermos a abrangência da política e nela o papel da comunicação. Para ele, entre as coisas da política estão "atos como o ordenar ou proibir alguma coisa com efeitos vinculadores para todos os membros de um determinado grupo social, o exercício de um domínio exclusivo sobre um determinado território, o legislar através de normas válidas *erga omnes*, o tirar e transferir recursos de um setor da sociedade para outros etc." Como se pode inferir do conceito expresso por Bobbio, os atos da política têm bom ou mau curso junto à sociedade, à organização, ao grupo e ao indivíduo conforme a qualidade da comunicação de quem determina e empreende a ação.

Relações públicas

Com base nisso, podemos ver a política organizacional como um campo constituído pelo regime (legítimo ou ilegítimo) de administrar e pela forma de comunicar à sociedade as questões das empresas e instituições. Esta seria, de alguma forma, uma dimensão ideológica dos relacionamentos organizacionais, segundo Simões (2001, p. 55).

Para o autor, a relação social, nas suas diversas dimensões, pode gerar conflitos e crises entre a organização e os seus públicos e, consequentemente, litígios. "Ao ter-se o *litígio*, o sistema organização-públicos enquadra-se, também, sob a dimensão jurídica."

Ainda segundo Simões (2001, p. 55-56), uma dimensão fundamental das relações sociais das organizações é a filosófica. Diz ele:

Toda ação humana pode ser compreendida pela ótica da análise filosófica. Toda ação humana implica aspectos referentes à *ética* e à *estética*. (...) A relação social da organização caracterizar-se-á como *ética se ela cumprir com sua responsabilidade social e apresentará aspectos estéticos se suas ações e seus discursos forem pensados, bem planejados e executados.*

2.2.2 A dimensão histórica das relações organizacionais

Vejamos como Simões (2001, p. 49) se refere à dimensão histórica das relações sociais das organizações, que nos interessa muito de perto no desenvolvimento de nossa temática nesta obra. Para ele,

o sistema organização-públicos se encontra inserto no espaço e no tempo, com um processo, implicando *uma sucessão de estados da díade*; logo, há uma *historicidade* na relação social organização-públicos. Todas as dimensões citadas anteriormente convivem com a dimensão histórica.

Com base na *historicidade* da relação organização-públicos apontada pelo autor, resgatemos aqui as considerações de Karen Worcman (2005, p. 23), que contextualiza essas áreas no esforço de criar relações dos públicos com a história de dada organização. Escreve a autora:

Relações públicas na gestão das mediações organizacionais

Trabalhar a memória empresarial não é simplesmente referir-se ao passado de uma empresa. Memória empresarial é, sobretudo, o uso que uma empresa faz de sua história. E dependerá da forma de perceber e valorizar sua própria história que as empresas podem aproveitar (ou perder) a oportunidade de utilizar essa ferramenta fundamental para adicionar mais valor à sua atividade. A história de uma empresa não deve ser pensada apenas como resgate do passado, mas como um marco referencial a partir do qual as pessoas redescobrem valores e experiências, reforçam vínculos presentes, criam empatia com a trajetória da organização e podem refletir sobre as expectativas dos planos futuros.

A história de uma organização, vista como um traço fundamental de seu presente e de sua missão, que é percebida, ou que deve ser percebida, nos âmbitos dos mercados, da comunidade e da sociedade, também é apontada por Philip Kotler (1995, p. 73):

> A missão da empresa é moldada por cinco elementos.[6] O primeiro é a sua *história*. Todas as empresas têm uma história de propósitos, políticas e realizações. As organizações não devem se apartar radicalmente de seu passado.

A história organizacional não é um dado estático, que está na trajetória de determinada organização apenas como um marco a ser visitado por curiosos ou diletantes. A observação de Kotler revela uma dimensão da história norteadora do presente e do futuro organizacional. Comentando seu raciocínio, ele pondera: "Por exemplo, não faria sentido a Harvard Business School abrir faculdades com cursos de dois anos, mesmo se isso representasse uma oportunidade de crescimento."

As dimensões relacionais descritas por Simões reforçam as necessárias ligações das relações públicas com outras áreas do conhecimento. É possível detectar as conexões teóricas e práticas entre elas e as áreas de ciências sociais, por exemplo, nas dimensões cultural e po-

---

6. Além da história, Kotler destaca como elementos da missão da empresa as preferências atuais dos proprietários e da administração, as influências do ambiente de mercado, os recursos da organização e as suas competências distintivas.

Relações públicas

lítica, e, entre outras conexões possíveis, a das relações públicas com a área da história, particularmente com a história empresarial. Essa forma de conceituar as relações públicas se distancia daquelas que a situam como uma prática comunicacional voltada para resultados dentro dos limites mercadológicos, como se elas fossem uma ferramenta de marketing.

Os estudos de M. Kunsch (2003, p. 98) também apontam para uma abrangência de relações públicas como área organizacional que atua no macrossistema ambiental. Esse ponto de vista abre para as relações públicas, seus pesquisadores e profissionais um arco de atuação que vai muito além dos objetivos e das ações de áreas como o marketing e a comunicação. Para a autora,

> a área de relações públicas tem de ser vista sob a ótica da interdisciplinaridade e, na prática, ela se vale simultaneamente do aporte do conjunto delas, ocorrendo apenas a predominância de uma sobre a outra segundo as especificidades de cada caso.

Isso significa reconhecer na atuação de relações públicas uma dimensão que vai além dos aspectos meramente técnicos e instrumentais ligados às questões de marketing e de comunicação.

M. Kunsch (2005, p. 79) reafirma essa dimensão abrangente e suas novas perspectivas ao apresentar as condições fundamentais para o desenvolvimento de um planejamento de relações públicas para uma organização. Para tanto,

> o ponto de partida é conhecê-la como um todo – cultura, missão, visão, comunicação, públicos, valores, produtos ou serviços, capital intelectual etc. e como se processam os relacionamentos institucionais no âmbito interno e externo. O mesmo procedimento se aplica às situações vinculadas a problemas, decisões ou oportunidades.

É importante entendermos que a abrangência das relações públicas, exemplificada pelas suas inúmeras dimensões, exige um profissional com formação multidisciplinar e interdisciplinar, que o caracterize

Relações públicas na gestão das mediações organizacionais

como um ser culto. Isso nos reporta novamente aos pensamentos, já expostos neste trabalho, de Bernays, Childs, Andrade e Grunig sobre o perfil do relações-públicas.

2.3 A afirmação das relações públicas brasileiras

Ao largo das discussões de índole corporativista, promovidas fortemente a partir dos anos 1980, principalmente pelas entidades profissionais jornalísticas, surgem nessa mesma década iniciativas que revelam e reforçam perspectivas modernas do pensamento e da atividade de relações públicas.

Uma delas foi o Plano de Comunicação Social da filial brasileira da Rhodia, em 1985, que, integrando suas diferentes subáreas comunicacionais, tinha, sobretudo, a preocupação de orientar os executivos quanto aos relacionamentos da empresa e à difusão de informações por meio da imprensa, no contexto da redemocratização do país. Célia Valente e Walter Nori (1990) e M. Kunsch (2003), entre outros autores, enfatizam a importância desse documento, que se tornou referência tanto para empresas como para instituições de ensino superior.

Roberto C. Bernardes e eu (1998, p. 28-30) chamamos atenção para a influência que a internacionalização da economia brasileira e a reestruturação produtiva dos anos 1990 provocaram no âmbito das relações públicas e da comunicação organizacional:

> (É) a partir de 1990, no governo de Fernando Collor, que a comunicação empresarial é impelida de forma permanente a adicionar no seu dia a dia questões que envolvem um universo mais amplo do que apenas a relação da empresa com o público formado por jornalistas. As empresas começam a enfrentar a mudança no papel do Estado na economia e a vivenciar um jogo irreversível de abertura comercial, privatização de empresas estatais, desregulamentação de inúmeras atividades econômicas, aquisições maciças de empresas emblematicamente nacionais por grupos transnacionais, além de um forte movimento de fusões empresariais e a

promulgação do Código de Defesa do Consumidor. A tudo isso se soma a paulatina integração do país ao mercado global e ao bloco dos países do hemisfério sul-americano.

Nessa década, as empresas brasileiras são pressionadas pelos públicos não só em termos de necessidades de bens e serviços, mas também de claras demandas quanto ao diálogo com a sociedade. A maior parte desses indicadores macro e microeconômicos da época demonstrava que o sucesso das estratégias passava também pela forma como as organizações se relacionavam com acionistas, empregados, autoridades, consumidores, fornecedores, distribuidores, comunidade, imprensa, sindicatos, entre outros públicos, em níveis nacional e internacional.

Como exemplo do que se passava no plano microeconômico, as políticas e ações de relações públicas e comunicação eram parte essencial para as transições bem-sucedidas dos novos modelos organizacionais, tais como o consórcio modular, o condomínio industrial, processos de reengenharia, técnicas japonesas ou produção enxuta, além de tornar mais didático todo tipo de informações advindas das inovações de pesquisa, desenvolvimento, produtos, processos e recursos humanos, entre os quais os expedientes de terceirização.

Nesse ambiente, as mensagens da comunicação organizacional tinham também o papel de legitimar as mudanças diante da sociedade, principalmente aquelas acontecidas por força de reestruturações patrimoniais (fusões e aquisições) e desestatizações de empresas dos setores de energia, telefonia, mineração e siderurgia, entre outros. Foi nesse período que se privatizaram, em meio a grandes questionamentos da sociedade, empresas como a Companhia Vale do Rio Doce e a Companhia Siderúrgica Nacional.

Ficava claro que, além dos movimentos de reestruturação produtiva e de inserção do Brasil em processos econômicos cada vez mais internacionais, a década de 1990 também trazia consigo a necessidade de um pensamento e de atividades de relações públicas que se mostrassem fundamentais para a cadeia de criação de valor para as organizações. Foi durante esses anos que os relações-públicas e os comunicadores organizacionais começaram a pensar as suas atividades

Relações públicas na gestão das mediações organizacionais

dentro de sistemas sociais nos quais a comunicação era fortemente condicionada pelas demandas dos relacionamentos públicos, pelos elementos administrativos, tecnológicos, históricos, políticos e psicológicos de cada organização.

Os campos das relações públicas e da comunicação organizacional começam a desenhar um novo perfil de seus profissionais, além de um novo tipo de planejamento de novos processos, novas ferramentas e novas agências para a área. Por outro lado, para dar conta dessas demandas abrangentes, os dirigentes desse setor se orientavam cada vez mais por um pensamento que se valia dos conhecimentos e das práticas da comunicação e de outras ciências humanas, entre elas a história, assim como das inúmeras tecnologias da informação, para atender às necessidades relacionais complexas e diversificadas da sociedade contemporânea.

Entre essas demandas, no que concerne ao eixo relações públicas--comunicação organizacional-memória empresarial, estava o desafio de estimular nos inúmeros públicos estratégicos, principalmente os empregados e as comunidades, o sentimento de fazerem parte da organização e de sua história. Com isso, as organizações trabalhavam as suas práticas e a sua própria existência com o objetivo de se legitimarem perante seus públicos, sendo a conquista da legitimidade um pilar ético buscado pela atividade de relações públicas (Simões, 2001, p. 59-60). Era por certo um movimento que apontava para um revigoramento das relações públicas plenas, não ancoradas apenas na comunicação.

2.3.1 Relações públicas e os perfis profissionais emergentes

Mostramos nas páginas anteriores que, durante o século XX, as relações públicas ampliaram o seu espectro de atuação na sociedade e com os públicos organizacionais, evoluindo de um perfil referenciado na atividade jornalística para um perfil multidisciplinar e focado em um leque abrangente de públicos. Simões (2001, p. 14) reforça essa percepção de uma abrangência maior ao analisar a incorporação, pelas relações públicas, do acervo conceitual de outras áreas:

94

Relações públicas

A atividade de relações públicas surgiu de uma prática jornalística, foi assimilando a contribuição de diferentes óticas profissionais – advogados, psicólogos, administradores, publicitários, marqueteiros – e chegou aos dias de hoje, com uma tecnologia de uso fundamentada, obviamente, nas ciências sociais, em especial na micropolítica, tratando da relação político-comunicacional entre a organização e todos os agentes sociais que influenciam sua missão.

De forma não tão implícita, Lesly (1991, p. 3) afirma que,

ao se desenvolver, (a área de) relações públicas veio a incluir uma vasta gama de outras funções, além de informar a respeito de alguém ou a respeito de outro grupo. Também diz ao grupo o que outros pensam dele; ajuda o grupo a determinar o que fazer para obter a boa vontade dos outros; planeja maneiras e meios para se obter essa boa vontade; e desenvolve atividades criadas para consegui-la. Durante o curso de fazer essas coisas, agrupa uma série de funções, conceitos e técnicas, incluindo-se o grupo de funções que ajudam uma organização a se ajustar às forças sociais que a afetam.

Essa abrangência caracterizada por Simões (2001) e Lesly (1991) se confirma com a realidade profissional das relações públicas e da comunicação organizacional brasileiras na atualidade. O Databerje, instituto de pesquisa integrante da Associação Brasileira de Comunicação Empresarial, em parceria com a Ideafix Estudos Institucionais, realizou, sob coordenação minha e de Suzel Figueiredo, três pesquisas sobre comunicação interna, levantando as áreas de formação dos responsáveis por essa área. A primeira foi feita em 2002; a segunda, em agosto de 2005; e a terceira, em setembro de 2007.[7]

---

7. A primeira pesquisa ouviu cem das "quinhentas maiores e melhores empresas", de acordo com levantamento da edição especial de 2001, com esse título, da revista *Exame*. Juntas elas empregavam mais de 800 mil funcionários e os grupos aos quais elas pertencem faturaram acima de US$ 170 bilhões no ano 2001, o que representava cerca de 14% do Produto Interno Bruto do país (cf. Nassar, 2003). A segunda pesquisa, de igual teor, foi feita com 117 empresas da edição de 2005 da *Exame*. Juntas elas empregam mais de 1 milhão de funcionários e os grupos aos quais pertencem faturaram acima de US$ 260 bilhões no ano 2004. A amostra também incluiu sete bancos, que estão entre os maiores do país. Os resultados dessa segunda pesquisa foram

Relações públicas na gestão das mediações organizacionais

Na pesquisa de 2002, as áreas de origem dos profissionais mais assinaladas foram, pela ordem, jornalismo (54%), relações públicas (32%), marketing (15%), administração de empresas (13%) e publicidade e propaganda (10%), seguidas por psicologia, economia, história, sociologia, antropologia e direito. Vários deles tinham mais de uma formação acadêmica, tendo sido comuns as duplas jornalismo-administração e relações públicas-marketing. Foram encontradas até mesmo ocorrências de pessoas com graduação em até três áreas.

Os resultados da pesquisa de 2005 foram, de alguma forma, similares aos da primeira, mas, é de se notar que houve queda do número de profissionais de jornalismo (47,9%), relações públicas (15,4%) e marketing (4,3%), que, no caso dos relações-públicas, foi bastante significativa, como se vê. O número de publicitários aumentou ligeiramente (13,7%). Interessante observar, em ambas as pesquisas, a presença de profissionais das ciências exatas e biológicas na área de comunicação, embora pouco expressiva.

Na pesquisa de 2007, os profissionais jornalistas ocupavam 34,1% do espaço profissional dedicado à atividade de gerenciamento da comunicação interna; os relações-públicas seguiam com 32%; os publicitários com cerca de 10%; os administradores com 13%; os profissionais de marketing com 15%; os formados na área de Exatas com cerca de 4%; os oriundos da área de Humanas com 18%; e outras áreas dividiam o restante da amostra.

No ano de 2008, o jornal *Valor Econômico*, em parceria com a Aberje, repetiu pesquisa semelhante, dentro do universo das 1.000 maiores empresas brasileiras, com amostra de 282 empresas. Nela, os jornalistas representavam 29,4%, e os relações-públicas representavam 12,8% e o resto da amostra dividia-se entre publicitários, administradores,

---

publicados no caderno Empregos do jornal *Folha de S.Paulo* 2.10.2005, p.6. A terceira pesquisa teve como amostra 164 empresas classificadas entre as 1.000 Maiores Empresas do Brasil, de acordo com o levantamento da *Exame*, em sua edição de 2007. A amostra contemplou também nove bancos, que estão entre os maiores do país. Juntas, essas empresas empregavam mais de 1 milhão de funcionários e os grupos às quais pertencem faturavam aproximadamente US$ 360 bilhões no ano de 2006.

Relações públicas

profissionais de marketing, formações de humanas e exatas. No ano de 2009, foi realizada, no mês de agosto, pesquisa Valor/Aberje, tendo como referência o mesmo universo e amostra de 300 empresas. Os resultados são semelhantes às pesquisas anteriores. Esses e outros dados estão disponíveis no portal da Aberje e foram agrupados em artigo específico (Nassar, 2010c, on-line).

Em abril de 2006 fizemos também uma rápida enquete com os profissionais que participaram do I Curso Internacional da Aberje, realizado em convênio com a Universidade de Syracuse, dos Estados Unidos. O resultado reafirmou as origens multidisciplinares dos gestores brasileiros das relações públicas e da comunicação organizacional: 36% eram relações-públicas; 34%, jornalistas; os outros 30% eram das áreas de administração, economia, psicologia, letras e arquitetura.

2.3.2 Fronteiras conceituais das relações públicas

As novas e complexas demandas se traduzem também na necessidade, por parte dos que trabalham e pensam as relações públicas com essa nova abrangência, de se confrontar com visões extremamente enraizadas entre pesquisadores e profissionais. Referimo-nos aos que veem as relações públicas *apenas* como uma prática comunicacional, colocada no mesmo ambiente do jornalismo, da publicidade e da propaganda. É preciso também promover novas articulações e alianças com pesquisadores e profissionais de campos que se vinculam com as relações públicas.

Uma prova histórica do que estamos falando são os debates acerca dos currículos mínimos dos cursos brasileiros de comunicação social, travados principalmente a partir da década de 1960. Neles, as relações públicas são vistas como uma disciplina comunicacional, muitas vezes como extensão do jornalismo ou em disputa de espaço com este. Essa constatação alerta para a necessidade de que as teorias e as práticas da área se consolidem e sejam difundidas de forma mais ampla com as organizações e a sociedade como um todo, que hoje postulam, de forma crescente, uma identidade bem definida da profissão. Esta implica co-

Relações públicas na gestão das mediações organizacionais

nhecimentos multidisciplinares e interdisciplinares, além de uma visão abrangente da sociedade, das suas necessidades e de seus conflitos. Nessa perspectiva, a Secretaria de Educação Superior do Ministério da Educação (Sesu-MEC), por meio da Portaria nº 595 de 24 de maio de 2010, designou os professores especialistas Margarida Maria Krohling Kunsch, Cláudia Peixoto de Moura, Esnél José Fagundes, Márcio Simeone Henriques, Maria Aparecida Viviani Ferraz, Paulo Roberto Nassar de Oliveira e Ricardo Ferreira Freitas para constituírem comissão de especialistas com vistas a subsidiar a revisão das diretrizes curriculares nacionais para o curso de bacharelado em Relações Públicas. Foram conduzidas cinco audiências públicas, que permitiram gerar a Proposta para as Diretrizes Curriculares Nacionais para os Cursos de Relações Públicas[8] com proposições para a consolidação e o desenvolvimento do ensino de Relações Públicas no Brasil.

São muitas as demandas que se colocam para as relações públicas e a comunicação organizacional, campos profissionais e científicos que estabelecem interações com os inúmeros públicos, representados por empregados, acionistas, comunidades, sindicatos, autoridades, imprensa, fornecedores, consumidores, distribuidores e redes transversais de públicos. Nessas interações, as empresas e instituições têm postulado conhecimentos e ações que vão muito além das técnicas que profissionais e pesquisadores de relações públicas, jornalismo e publicidade/propaganda tradicionalmente têm reivindicado como exclusivamente suas. Isso, muitas vezes, tem abalado as identidades tradicionais até então estabelecidas.

O importante é entender que relações públicas e comunicação não são exatamente a mesma coisa, mas a comunicação é um componente fundamental das relações públicas, sendo certo que seu pensamento e sua operação dificilmente serão excelentes se descolados das políticas,

---

8. Esse documento é resultado de um trabalho colaborativo da Comissão, que viajou para as cinco regiões do país ouvindo e debatendo com instituições de ensino, empresas, entidades associativas empresariais, alunos e professores. Está disponível neste link, em formato PDF: http://www.aberje.com.br/userfiles/file/Relatrio%20Diretrizes%20Curriculares%20Relaes%20Pblicas.pdf .

Relações públicas

dos planejamentos e das ações de relações públicas. Em sua história no Brasil, as duas áreas são colocadas no mesmo plano, o que tem dificultado a redefinição da identidade, principalmente de relações públicas. Cláudia Moura (2002) analisou a evolução histórica dos currículos dos cursos de comunicação social no Brasil, do Currículo Mínimo definido pelo Conselho Federal de Educação em 1962, até as Diretrizes Curriculares do Curso de Comunicação Social estabelecidas pelo Conselho Nacional de Educação em 1999 e homologadas, com alterações, em 2001. A autora traça um panorama dessa contenda em torno da identidade e do espaço das diferentes áreas da comunicação, presente nas propostas de diversos autores que, no mínimo, são protagonistas importantes da história das relações públicas e da comunicação em nosso país.

Um exame do trabalho de Moura nos fornece informações qualificadas sobre a forma como as relações públicas, como área profissional e de estudo, têm sido, por exemplo, reconhecidas, delimitadas e institucionalizadas. Celso Kelly (apud, Moura, 2002, p. 57) é citado como exemplo de autor das ideias propugnadas já nos anos 1950 e 1960 quanto à reformulação dos currículos de comunicação social e à caracterização dos limites das subáreas comunicacionais. Da sua visão particular nos interessa, para os objetivos da presente obra, sublinhar que, por muito tempo, as relações públicas são vistas como uma atividade mal definida e contida no arco de atividades jornalísticas, como se pode constatar no seguinte trecho:

> O jornalismo comporta as antigas e novas modalidades do jornalismo escrito e impresso; as recentes modalidades do jornalismo falado, mediante emissões radiofônicas e de tevê; o jornalismo cinematográfico, pela projeção da imagem, tomada ao acontecimento; o jornalismo pessoal e de grupo, nas variações das relações públicas; o jornalismo comercial, segundo a técnica publicitária.

O que se depreende desse texto é que as relações públicas eram vistas, nos anos 1960 e 1970, apenas como uma técnica ligada ao jornalismo e a um jornalismo polivalente e, por isso mesmo, com uma

Relações públicas na gestão das mediações organizacionais

identidade difusa e fraca. Nesse caso, a visão das relações públicas como área se perde ou, no mínimo, se confunde com os debates sobre polivalência *versus* especialização no âmbito do jornalismo e da comunicação. Marques de Melo (apud, Moura, 2002, p. 58), por exemplo, critica o ponto de vista polivalente de Kelly, qualificando-o como "do antigo jornalista":

> Celso Kelly partia de uma premissa que já não tem validade para a sociedade da tecnologia. O *comunicador polivalente* (sintetizado na figura do antigo jornalista) cedeu lugar ao comunicador especializado (que deixa de ser o homem dos sete instrumentos e passa a manejar apenas os códigos da sua profissão específica). (...) A realidade profissional está a exigir, portanto, comunicadores habilitados para o exercício de funções específicas dentro de cada empresa. Por isso, (o comunicador) precisa ser treinado com orientação especializante.

Essas discussões, que atravessaram os anos 1970, são sintetizadas por Roberto Amaral Vieira (apud, Moura, 2002, p. 60) da seguinte forma:

> As discussões relativas à formação do comunicador social, portanto, podem ser reduzidas, grosso modo, a apenas duas vertentes. De um lado agrupamos os que defendem um ensino predominantemente técnico e voltado para a formação do que chamaríamos de especialistas e, de outro, os que pleiteiam um ensino predominantemente humanístico, destinado à formação do que chamaríamos de *generalista*. Nesse contexto, o especialista poderia ser identificado como aquele profissional que atua num microcosmo, raciocina a partir de esquemas conceptuais particulares, válidos apenas em seu microcosmo, sempre dentro de um quadro ou de uma metodologia específicos, isto é, por natureza desaparelhado para os juízos críticos, éticos e de valor, exigidos na interação de sua especialidade com o macrocosmo, a sociedade. O generalista ao contrário, à mercê da formação humanística, estaria mais capacitado a proceder a julgamentos de valor, habilitado que fora pelo domínio de uma gama de informações desestruturadas frente a um microcosmo, mas que se interligam no contexto macro. O especialista examina (e conhece) o indivíduo, o generalista, a espécie, a sociedade, vale dizer, o indivíduo em seu relacionamento político-social.

Relações públicas

É interessante ressaltar o profundo desconhecimento e o analfabetismo conceitual dos pesquisadores e dos profissionais do campo da comunicação, em nosso país, acerca das relações públicas. Claramente, a maioria deles, como concluiu acertadamente Moura (2002, p. 73), situa as relações públicas dentro dos territórios das especialidades de comunicação, o que diminui sua identidade, mais afeita aos campos das ciências sociais, da gestão e da política organizacional, como alertou Andrade (apud Moura, 2002, p. 64-65). Este, ao demarcar as fronteiras das relações públicas, além das disciplinas comunicacionais e da formatação de mídias, procurou definir sua identidade, mostrando sua afinidade também com a administração. Ele observou que

o curso de relações públicas da então Escola de Comunicações Culturais, atualmente Escola de Comunicações e Artes da Universidade de São Paulo (ECA-USP) funcionou com currículo próprio, em seus dois primeiros anos de existência, para em 1969 obedecer ao Parecer nº 890, de 18 de dezembro de 1968, do Conselho Federal de Educação.

Segundo o autor, a Resolução nº 11/69, do Conselho Federal de Educação,

obrigou o curso de relações públicas a se vincular à área de comunicação, contrariando a tendência firmada pelo Parecer nº 890/68, que destacava as disciplinas de administração para a formação do profissional de relações públicas.

Cláudia Moura e Cleusa Scroferneker (1999) produziram um extenso mapeamento da forma como 41 destacados autores conceituam e/ou definem relações públicas, a partir de enfoques por elas definidos como estrutural, administrativo, filosófico, comunicacional, político, psicológico, mercadológico, personalístico e fora dos critérios. Mais uma vez, a visão de relações públicas como um campo comunicacional predomina entre os autores estudados. Isso significa colocar esse campo para disputar espaço, principalmente o profissional, com disciplinas como o jornalismo e a publicidade e propaganda, ou, no mínimo, considerá-lo, de forma reduzida, como processo de comunicação, o que minimiza a

Relações públicas na gestão das mediações organizacionais

percepção das relações públicas em suas funções relacionadas à estrutura, à administração, à filosofia, à psicologia e à política das organizações. Com isso, em síntese, deixa-se de ver as relações públicas como uma megafunção organizacional, na qual componentes como a comunicação, a filosofia, a psicologia e a política são fundamentais para a sua excelência e para a sobrevivência das empresas e instituições. Esse modo reducionista como elas são percebidas é comentado por M. Kunsch (1999, p. 140):

> É uma área complexa e mais abstrata do que as do jornalismo, do rádio, da televisão e da publicidade. Fazer um jornal, criar campanhas e anúncios publicitários ou produzir programas radiofônicos e televisivos são atividades concretas e pontuais facilmente tangíveis. Daí talvez a grande incompreensão sobre a verdadeira finalidade da área, bem como o desconhecimento de suas possibilidades para a maioria das pessoas.

Por certo, a complexidade e a abrangência das relações públicas exigem que elas incorporem crenças, conhecimentos, tecnologias e uma comunidade oriunda de inúmeras áreas, principalmente das ciências sociais aplicadas. Isso implica, de partida, a necessidade de profunda negociação de espaços, tanto científicos quanto profissionais, que, levada a bom termo, pode se concretizar em parcerias e compartilhamentos produtivos e que reforcem a identidade das relações públicas e seus profissionais.

M. Kunsch (1997, p. 106) traz à tona a abrangência da área ao procurar desenhar um perfil atualizado do relações-públicas:

> O que diferencia um profissional qualificado de nível superior de um mero técnico ou prático de relações públicas é exatamente sua formação geral e humanística. Ele não faz as coisas simplesmente por instinto ou por rotina, mas procura no conhecimento científico o embasamento para suas ações. Cada caso ou problema se relaciona com as ciências sociais. Por exemplo, no dia a dia das organizações, como a psicologia, a sociologia, a política, a antropologia e a comunicação podem auxiliar nos princípios e no direcionamento da prática profissional? Dependendo das necessidades, são essas ciências que nos darão respostas para muitas inquietudes no que diz respeito aos processos de integração, às relações de poder, às análises da cultura organizacional e a muito outros fenômenos.

Relações públicas

Esse ponto de vista da autora, apontando a inter-relação da área com outras ciências sociais aplicadas, ainda encontra forte resistência nas entidades profissionais, entre elas os conselhos profissionais de relações públicas e os sindicatos de jornalistas, que, na maioria das vezes, se expressam por meio de um discurso baseado na defesa de funções e postos de trabalho.

Para os profissionais que se pautam por uma visão corporativista, esse compartilhamento pode ser encarado apenas como uma intromissão de caráter incompetente e ilegal. Incompetente, segundo eles, porque as questões ligadas aos processos comunicacionais organizacionais são consideradas propriedade daqueles que por anos a fio se dedicaram a pensar, pesquisar, planejar e operar estratégias e ações relacionais e comunicacionais de empresas e instituições, entre eles os relações-públicas. Ilegal porque, pensando no Brasil, quase tudo que se refere ao mercado de trabalho voltado aos relacionamentos públicos das organizações é, por força da regulamentação da década de 1960, função exclusiva do relações-públicas. A verdade, no entanto, é que o ambiente da teoria e da prática de relações públicas se mostra cada vez mais permeável a um trabalho desenvolvido a muitas mãos, em conjunto com outras áreas do conhecimento.

2.3.3 A pluridisciplinaridade como riqueza

Para ampliarmos um pouco mais a discussão sobre as novas perspectivas da área e também as influências e imbricações que esta sofre, lembremos que o tema interdisciplinaridade é recorrente no pensamento de ciências sociais aplicadas: inúmeras áreas científicas disputam, às vezes em uma luta nada fraterna, a propriedade de crenças, valores, conceitos e tecnologias.

Assim, é na área de comunicação organizacional, na qual atualmente, no Brasil, os diferentes agentes que nela atuam – relações-públicas, jornalistas, publicitários, administradores, sociólogos, historiadores, entre outros – lutam para impor seus conceitos, suas ações,

Relações públicas na gestão das mediações organizacionais

seu *habitus*, enfim, seus diferentes modos de perceber a realidade. Para isso, além das leis que regulamentam as suas profissões, firmam conceitos expressos em razoável literatura voltada para as questões da comunicação e das relações públicas e atuam no cotidiano das organizações, conquistando ou defendendo posições nos organogramas e nas hierarquias de empresas e instituições.

Ao falar da vigilância epistemológica existente em cada campo científico, Bordieu, Chamboredon e Passeron (1999, p. 94) chamam atenção para o fato de que

> toda comunidade erudita é um microcosmo social, dotado de instituições de controle, de exigências e de formação, autoridades universitárias, júris, tribunas críticas, comissões, instâncias de cooptação etc., que definem as normas de competência profissional e tendem a inculcar os valores que elas exprimem.

Bourdieu (1996, p. 10), por exemplo, em sua filosofia da ação, trabalha os conceitos de campo, *habitus* e capital para descrever a luta entre diferentes interesses que disputam os espaços sociais das ciências. Para ele, os campos "são espaços sociais relativamente autônomos, em que os agentes (instituições, grupos, classes sociais) lutam pela apropriação de um capital". O agente a que se refere o pensador francês "não é um autômato regulado nem um calculador racional, tampouco é um sujeito livre de condicionamento que determina os seus desejos". O agente atua em virtude de seu *habitus*, que é "a subjetividade socializada", ou seja, "o modo de sentir e de pensar moldado pelas estruturas sociais".

É nesse ambiente de controle que existe a ameaça de cristalizar tradições teóricas e práticas profissionais, o que cerceia a inovação da produção científica e profissional. Assim, para Bordieu, Chamboredon e Passeron (1999, p. 95),

> será fácil admitir que tudo o que contribui para intensificar a troca de informações e críticas, romper com os compartimentos estanques epistemológicos mantidos pelo confinamento das instituições e reduzir obstáculos levantados à comunicação em decorrência da hierarquia das notoriedades ou dos estatutos,

Relações públicas

da diversidade das formações e carreiras, da proliferação das capelas fechadas demais sobre si mesmas para entrarem em concorrência ou conflito declarado, contribui para aproximar a comunidade erudita – submetida à inércia das instituições que é obrigada a criar para existir como tal – da cidadela ideal dos cientistas em que, no final de contas, poderiam se instaurar todas as comunicações científicas, e unicamente estas, exigidas pela ciência e seu progresso.

Ainda para Bordieu, Chamboredon e Passeron (1999, p. 96), a troca de informações e de críticas produz para a comunidade científica os seguintes efeitos: a multiplicação e a diversificação dos tipos de comunicação e, com isso, a explicitação dos postulados epistemológicos de cada comunidade científica; a conformidade de "normas comuns de cientificidade"; o reforço da vigilância epistemológica; a explicitação de pressupostos inconscientes para a outra comunidade científica.

O que para muitos pode ser visto apenas como um problema relativo à corrosão da identidade das relações públicas, para Max Weber (apud Passeron, 2005, p. 49) seria uma renovação científica:

> Há ciências que receberam como dom permanecer eternamente jovens. É o caso de todas as disciplinas históricas, de todas aquelas que o fluxo eternamente móvel da cultura alimenta sem cessar em novas problemáticas. No centro de sua tarefa estão inscritos, ao mesmo tempo, o caráter provisório de todas as construções ideais e típicas e a necessidade inelutável de construir outras sempre novas.

Grunig (apud Kunsch, M., 1997, p. 108), ao analisar as relações públicas, diz que elas "podem ser descritas como um domínio científico dentro de uma área mais ampla da comunicação, embora seja certamente um dos domínios menos desenvolvidos da comunicação". M. Kunsch (1997, p. 108) expõe, a propósito, uma indagação:

> Se avaliarmos que a própria área da comunicação social não possui ainda um *corpus* teórico próprio capaz de explicar todos os fenômenos comunicacionais, como teriam as relações públicas, como subárea, condições de apresentar um "domínio" ou uma unidade teórica mais profunda?

Relações públicas na gestão das mediações organizacionais

O desafio de definir as relações públicas nos contornos da modernidade por certo passa pela pesquisa de quais são as suas crenças, a sua teoria, a sua evolução histórica, as suas tecnologias, os seus processos e os seus pesquisadores e profissionais, como Thomas Kuhn (1980) define a comunidade que compartilha os seus componentes científicos e técnicos.

Nesse ponto nos interessa localizar, na literatura nacional e internacional, o pensamento que reforça e/ou problematiza essa percepção do campo de relações públicas como permeável à incorporação de pontos de vista de outros campos do conhecimento, aumentando, com isso, a sua riqueza, o seu capital social e cultural, expresso pelas pesquisas citadas. Isso, para alguns estudiosos de relações públicas, pode significar uma perda de identidade do campo. Simões (2001, p. 14), por exemplo, capta esse movimento de expansão do campo das relações públicas sem deixar de ressaltar a ameaça de perda de identidade ao afirmar que

> seu habitat encontra-se no cadinho da efervescência do jogo de interesses dos públicos com as organizações e da eminência dos conflitos das democracias. Nas ditaduras, de direita ou de esquerda, ela se desfuncionaliza na propaganda e no culto aos ditadores, nos eventos sociais, nas promoções mercadológicas ou simplesmente desaparece. Nessas circunstâncias perde sua essência e identidade. Outra atividade assume o seu lugar, mantendo o seu designativo, pelo fato de este conotar para a sociedade algo positivo. Por isso as relações públicas ficam "pagando os pecados" pelas manipulações realizadas pelas "pseudo-relações-públicas".

Continua Simões:

> A atividade de relações públicas surgiu de uma prática jornalística, foi assimilando a contribuição de diferentes óticas profissionais – advogados, psicólogos, administradores, publicitários, marqueteiros – e chegou aos dias de hoje com uma tecnologia de uso fundamentada, obviamente, nas ciências sociais, em especial na micropolítica, tratando da relação político-comunicacional entre a organização e todos os agentes sociais que influenciam a sua missão.

Relações públicas

Simões, em sua "pensata", não cita explicitamente os historiadores como protagonistas de novas contribuições para a área. No entanto, desde os anos 1990, cada vez mais eles se apresentam nos horizontes das relações públicas. É sobre esse fato, a imbricação entre relações públicas, comunicação organizacional e história empresarial, que voltaremos a análise nos capítulos seguintes.

A história de uma empresa não deve ser pensada apenas como resgate do passado, mas como um marco referencial a partir do qual as pessoas redescobrem valores e experiências, reforçam vínculos presentes, criam empatia com a trajetória da organização e podem refletir sobre as expectativas dos planos futuros. A sistematização da memória de uma empresa é um dos melhores instrumentos à disposição da comunicação empresarial e corporativa. Isto porque as histórias não são narrativas que acumulam, sem sentido, tudo o que vivemos. O grande desafio está em saber utilizá-las. Se a memória na empresa for entendida como ferramenta de comunicação, como agente catalisador no apoio a negócios, como fator essencial de coesão do grupo e como elemento de responsabilidade social e histórica, então poderemos afirmar que esta empresa, de fato, é capaz de transformar em conhecimento útil a história e a experiência acumulada em sua trajetória.

Karen Worcman
Fundadora do Museu da Pessoa
Fellow da Ashoka Empreendedores Sociais

Capítulo 3

Relações públicas e a construção da história empresarial

Para compreender os estudos de memória, e depois fazer uma incursão mais específica sobre memória organizacional, é interessante iniciar por uma reflexão sobre a formação do conceito e do papel da história desde a Antiguidade clássica, com Heródoto até historiadores e filósofos mais recentes. Na sequência, convém refletir sobre as diferenças de perspectivas entre história e memória, e outros tópicos relevantes ao tema.

Heródoto (1994, p. 53), considerado por Cícero o pai dessa disciplina, logo na abertura de suas *Histórias*, compostas por nove livros, publicados entre 424 a.C e 430 a.C., ensaia uma resposta:

> Esta é a exposição das investigações de Heródoto de Halicarnasso, para que os feitos dos homens se não desvaneçam com o tempo, nem fiquem sem renome as grandes e maravilhosas empresas, realizadas quer pelos helenos quer pelos bárbaros; e sobretudo a razão por que entraram em guerra uns contra os outros.

É fundamental considerar que as investigações de Heródoto se apoiavam em uma metodologia dos sentidos, que tinha como instrumentos, primeiro, os olhos (a autópsia) e, depois, as orelhas. Dessa forma de observar é que se explica a sua narrativa que organiza os espaços do mundo, divididos em recantos, gregos e bárbaros.

Se a história tem como método a investigação como meio contra o esquecimento, Jacques Le Goff (2003, p. 18) retoma a forma como Heródoto pensa esse campo e acrescenta que essa investigação deve aprimorar os seus métodos e se esforçar para se transformar em ciência. Uma ciência que mira os acontecimentos do mundo e procura obrigatoriamente narrá-los.

A narração, obviamente, pressupõe um observador, que, tal como Heródoto, elegerá os seus instrumentos e os sentidos mais adequados para essa tarefa. Por outro lado, a metodologia, que tem como suporte um corpo cheio de paixões e negações, apresenta um problema que emana das habilidades e dos interesses do observador em nos narrar com exatidão e imparcialidade aquilo que vê, ouve e sente. Esse, com certeza, é um problema que permanece sem solução até o presente.

Nesse sentido, ao longo do tempo, a busca incessante do historiador foi pela objetividade diante da ambiguidade da história. Os pressupostos de Langlois e Seignobos indicavam, em seu manual clássico,[1] que "o historiador trabalha com documentos (...) Não há substituto para os documentos; sem eles não há história" (1946, p.40), numa aposta em certa "credulidade espontânea" da coisa documentada.

Entretanto, é preciso considerar algumas incertezas do historiador, no intuito de querer ser objetivo e não poder sê-lo, querer fazer reviver e só poder reconstruir. Le Goff (2003) trata da história vivida das sociedades humanas e do esforço científico para descrevê-la e

---

1. Refere-se ao livro *Introduction aux études historiques*, integrado por conferências proferidas no primeiro curso de historiografia da Universidade de Sorbonne no ano acadêmico de 1896/1897. Era, portanto, um ensaio sobre o método que procurava indicar o caráter e os limites da disciplina. Esse material, inclusive, baseou a influência da história francesa no ensino superior, especialmente por intermédio de Affonso D'Escragnolle Taunay, catedrático de História na então Faculdade Livre de Filosofia e Letras de São Paulo em 1911 e posteriormente professor substituto na Universidade de São Paulo. Ver mais em http://www.sbhe. org.br/novo/congressos/cbhe2/pdfs/Tema4/0457.pdf.

Relações públicas

interpretá-la, como dois polos entre os quais se resume o próprio conceito de história. Ao tempo natural e cíclico das estações e do clima se justapõe, e até se contrapõe, a percepção de duração registrada pelos homens; e a memória pessoal e coletiva fica submetida ao calendário e ao relógio, instrumentos de domesticação e de domínio do tempo. Nessa contínua defasagem, insinuam-se a ideia de história, ambígua e mutável, e a relação entre o passado e o presente. É como assinala Chesneaux (1995, p.67), quando afirma que

os fatos históricos são contraditórios como o próprio decorrer da história; eles são percebidos diferentemente (porque diferentemente ocultados) segundo o tempo, o lugar, a classe, a ideologia (...) por outro lado são suscetíveis apenas de aproximações progressivas, sempre mais próximas do real, nunca acabadas nem completas.

Essa inexatidão e essa dúvida sobre o que a história narra por meio de seus discursos são trazidas pela observação de Paul Veynes (1979, p. 29): "A história não existe; só existem histórias." Tal afirmação imiscui-se nos elementos da fabulação, da imaginação e da falsificação em um fazer que se pretende ciência. História é ciência ou arte? Diante dessas alternativas, Le Goff (2003, p. 38) lembra:

Devemos, no entanto, notar que alguns dos maiores historiadores contemporâneos reivindicam ainda para a história o caráter de arte. Para Georges Duby, "a história é acima de tudo uma arte, uma arte essencialmente literária. A história só existe pelo discurso. Para que seja boa, é preciso que o discurso seja bom" (Durby e Lardreau, 1980, p. 50). Mas, como ele próprio afirma (...), "a história, se deve existir, não deve ser livre: ela pode muito bem ser um modo do discurso político, mas não deve ser propaganda; pode muito bem ser um gênero literário, mas não deve ser literatura".

Por sua vez, a procura de uma precisão – com base em leis, regularidades, ciclos de tempo – que nega o acaso, a interferência do narrador, com o objetivo de construir uma ciência histórica exata, estimulou o mesmo Le Goff (2003, p. 44) a declarar:

Relações públicas e a construção da história empresarial

A minha opinião é que não há, em história, leis comparáveis às que foram descobertas no domínio das ciências da natureza – opinião largamente divulgada hoje com a refutação do historicismo e do marxismo vulgar e a desconfiança perante os filósofos da história. Muito depende, aliás, do sentido que se atribui às palavras. Reconhece-se hoje, por exemplo, que Marx não formulou leis gerais da história, mas apenas conceitualizou o processo histórico, unificando teoria (crítica) e prática revolucionária (Lichtheim, 1973). Ruciman (1970, p. 10) disse, com justiça, que a história, tal como a sociologia e a antropologia, é "uma consumidora e não uma produtora de leis".

De todo modo, Meihy (2010, p.186) aponta que o acatamento de um outro tipo de história se deu somente na contestação das Ciências Sociais operada na contracultura dos anos 1960. Com uma saturação do grafado, da chamada "ditadura do documento arquivado", estava desafiado o exclusivismo do escrito como recurso probatório ou mesmo argumentativo. A Nova História é explicada por Peter Burke (1992) como uma corrente que incorpora novos temas, novos protagonistas, novos ângulos e, principalmente, novas formas de se escrever a história. Entre os novos temas estão as mulheres, os trabalhadores, as profissões, os movimentos sociais; entre as novas formas de escrevê-la, a história oral e a narrativa, que não procura a objetividade total. Nas palavras de Burke (1992, p. 10-16), a Nova História "é a história escrita como uma reação deliberada contra o 'paradigma' tradicional, aquele termo útil, embora impreciso, posto em circulação pelo historiador de ciência americano Thomas Kuhn". Burke enumera os pontos que configuram o paradigma tradicional de se escrever a história, entre os quais a crença de que ela "diz respeito essencialmente à política". Contra essa visão, o autor afirma que "a história começou a se interessar por virtualmente toda a atividade humana", argumentando nesse sentido:

> Nos últimos trinta anos nos deparamos com várias histórias notáveis de tópicos que anteriormente não se havia pensado possuírem uma história, como, por exemplo, a infância, a morte, a loucura, o clima, os odores, a sujeira e a limpeza, os gestos, o corpo, a feminilidade, a leitura, a fala e até mesmo o silêncio.

Relações públicas

O historiador inglês Paul Thompson (1992, p. 197), dentro de sua metodologia voltada para a história oral, propõe o depoimento de vida, que tem como principal atributo, tal como a *madeleine* de Proust, a força de fazer aflorar nos depoentes as memórias que trazem as experiências únicas e de alto valor para cada indivíduo. Diz o autor:

> Toda fonte histórica derivada da percepção humana é subjetiva, mas apenas a fonte oral permite-nos desafiar essa subjetividade: descolar as camadas de memória, cavar fundo em suas sombras, na expectativa de atingir a verdade oculta. Se assim é, por que não aproveitar essa oportunidade que só nós temos entre os historiadores, e fazer nossos informantes se acomodarem relaxados sobre o divã, e, como psicanalistas, sorver em seus inconscientes, extrair o mais profundo de seus segredos?

Thompson (1992, p.24) resume bem a condição de uma eventual retomada de fatos passados ao dizer que "o padrão que persiste na produção de textos históricos reflete, provavelmente, as prioridades da maioria dos historiadores profissionais (...) numa era de burocracia, poder estatal, ciência e estatística". Ainda que as pessoas se lembrem de rituais, nomes, canções e histórias, caberia ao documento a garantia de transmissão para o futuro. Esse movimento foi acirrado com o Iluminismo, que pregava a clareza dos documentos e monumentos (Thompson, 1992, p.53-54).

Ferreira (2000, p.111) relata que, para Heródoto e Tucídides, a história era um repositório de exemplos que deveriam ser preservados, e o trabalho do historiador era expor os fatos recentes atestados por testemunhos diretos, inclusive de personagens comuns, afastando-se da noção de que, para traços serem interpretados, deveriam ter sido antes arquivados. A historiadora complementa

> a afirmação da concepção da história como uma disciplina que possuía um método de estudo de textos que lhe era próprio, que tinha uma prática regular de decifrar documentos, implicou a concepção da objetividade como uma tomada de distância aos problemas do presente (Ferreira, 2000, p.112).

É nessa perspectiva que Charaudeau (2006, p.103) refere que "não há nenhum sentido em falar de acontecimentos em si, só se pode falar de acontecimentos sob descrição", numa ideia de transformação dos acontecimentos que podem ter alguma ancoragem no mundo em uma adequação imagética ao referente – dado que depende de um sujeito interpretador. Mais que isso, as narrativas históricas não dizem respeito apenas a uma reprodução de acontecimentos, mas, sim, a uma construção que envolve tanto o historiador quanto os códigos socialmente partilhados. Seriam afirmações metafóricas que sugerem uma relação de similitude entre os acontecimentos e processos e os tipos de história que são utilizados para conferir aos acontecimentos da vida um significado culturalmente sancionado (White, 2001, p.105). Assim, a história que é lida, baseada em fatos e documentos, não é absolutamente factual, mas uma série de julgamentos aceitos (Carr, 2002, p.50).

Pollak (1992, p.209) acredita que a história está se transformando em histórias, parciais e plurais, até mesmo sob o aspecto da cronologia. As cronologias também estariam plurais, em virtude de seu modo de construção, para o enquadramento da memória, e também graças a uma vivência diferenciada das realidades. Foi preciso compreender que, na estrutura do tempo, não existia somente o ordenamento cronológico e que muitas verdades teriam espaço. A verdade não seria algo que se apreenderia ou congelaria, mas se daria como um relampejo, uma revelação. Para Arendt (1987, p.170),

> a tradição ordena o passado não apenas cronológica, mas, antes de tudo, sistematicamente, ao separar o positivo do negativo, o ortodoxo do herético, o que é obrigatório e relevante entre a massa de opiniões e dados irrelevantes ou simplesmente interessantes.

Reconstruindo a evolução do conceito de história, Le Goff (2003, p.129) apresenta, sob uma nova perspectiva, as principais questões da historiografia contemporânea. Entre elas e de total interesse nesse trabalho, na França, desde os finais dos anos 1920 do século XX, crescia em influência a chamada École des Annales, liderada por um grupo de historiadores reformistas, reunidos ao redor de Marc Bloch e Lu-

Relações públicas

cien Febvre. Desde 1929, vinham publicando uma revista intitulada *Annales d'histoire économique et sociale*, que tinha por objetivo afastar a historiografia de sua dependência para com a política, como era o gosto da corrente positivista ainda largamente hegemônica. Como diz Benjamin (1987), a historiografia é substituída pela exegese, que não se preocupa com o encadeamento exato de fatos determinados, mas com a maneira de sua inserção no fluxo das coisas. Ao privilegiar uma história narrativa em detrimento da história explicativa, haveria uma emancipação do caráter científico.

O postulado dessa "nova história" é de que outros temas deviam servir de interesse ao historiador, novos campos de pesquisa deveriam ser abertos, que não se limitassem mais às visitas aos arquivos estatais atrás das decisões dos governantes, dos reis ou dos presidentes. Uma outra história deveria, então, nascer, abarcando as mentalidades das épocas passadas, a geografia, o clima, os costumes, a vida cotidiana. É como assina com simplicidade Novais (2011, p.4), ao dizer que "em vez de estudar Estados, estruturas, produção, consumo e poder, a história passou a estudar os modos de sentir, os amores e os humores", encaminhando-se para uma história mais narrativa e menos explicativa.

Em suma, as estatísticas sociais não representariam fatos absolutos mais do que notícias de jornais, cartas privadas ou biografias publicadas, afinal "do mesmo modo que o material de entrevistas gravadas, todos eles representam, quer a partir de posições pessoais ou de agregados, a percepção social dos fatos" (Thompson, 1992, p.145).

3.1 Questões sobre história e memória

Marc Bloch (apud Le Goff, 2003, p.23) não gostava da definição "a história é a ciência do passado" e considerava absurda a própria ideia de que o passado, como tal, pudesse ser objeto da ciência. Ele propunha que se definisse a história como a ciência dos homens no tempo e pensava nas relações que passado e presente entretecem ao longo da história. Considerava que a história não só deve permitir compreender o

Relações públicas e a construção da história empresarial

"presente pelo passado", mas também compreender o "passado pelo presente". Ao confirmar resolutamente o caráter científico e abstrato do trabalho histórico, não aceitava que este fosse creditado exclusivamente à cronologia. Muitas vezes, seria vantajoso ler a história ao contrário ou, como disse Benjamin (1987, p.255), seria como "escovar a história a contrapelo" – aqui entendido como contemplando o ponto de vista dos vencidos, contra a tradição conformista do historicismo cujos partidários entram sempre em empatia com o vencedor. Ao evocar, há um reaprendizado, uma reconfiguração do passado, com olhares diferentes, como manifesta Lowy (on-line, 2002), do historicismo que se identifica enfaticamente com as classes dominantes e vê a história como uma sucessão gloriosa de altos fatos políticos e militares.

Le Goff (2003, p.29), então, postula a existência de duas histórias: a da memória coletiva e a dos historiadores. A primeira é essencialmente mítica, deformada, anacrônica, mas constitui o vivido dessa relação nunca acabada entre o presente e o passado. É desejável que a informação histórica, fornecida pelos historiadores de ofício, vulgarizada pela escola e pela *mass media*, corrija essa história tradicional falseada. Para Le Goff (2003, p.32), o fato não é, em história, a base essencial de objetividade porque os fatos históricos são fabricados, e não dados, porque, em história, a objetividade não é a pura submissão aos fatos. Para Émile Benveniste (apud Le Goff, 2003, p.209), existe o tempo físico contínuo, uniforme, linear e divisível, o tempo cronológico ou tempo dos acontecimentos – pelos calendários é socializado; e o tempo linguístico, que tem o próprio centro no presente da instância da palavra, o tempo do locutor – no qual este trabalho se foca, pela valorização da contação de histórias e pelos testemunhais.

O aprofundamento das discussões acerca das relações entre passado e presente na história, e o rompimento com a ideia que identificava objeto histórico e passado, definido como algo totalmente morto e incapaz de ser reinterpretado em virtude do presente, abriram caminhos para o estudo da história do século XX (Ferreira, 2000, p.121). Contudo, como assinala Weil (2001), a oposição entre passado e futuro seria absurda, já que "não possuímos outra vida, outra seiva, senão os tesouros herdados

118

Relações públicas

do passado e digeridos, assimilados, recriados por nós. De todas as necessidades da alma humana, não há nenhuma mais vital do que o passado" (Weil, 2001, p.50). Assim, ela alerta para o perigo do desenraizamento como aniquilação dessa existência pregressa e sobre a necessidade de se estar em sintonia com a natureza, numa integração com a coletividade, o território e sua própria história. O ser humano desenraizado é expropriado de sua própria vida, perde a capacidade de conduzi-la e de encontrar sentido. Zaoual (2003) aponta para a necessidade de inversão dessa tendência, por meio do reencaixe do homem em pontos simbólicos de pertencimento, a fim de não se tornar um robô que assimila prontamente todas as prescrições geradas por diversas potências tutelares.

Baptista e Pereira (2007, p.305) definem a questão: o homem é um ser imerso em temporalidades e, portanto, associado à subjetividade, identidade, memória e diferença. E também o tempo pode ser subjetivo, ligado especialmente ao mundo interior e regido pelos ritmos das sensações e impressões pessoais, desencadeando uma memória individual, sendo qualitativo e não mensurável.

Todavia, é importante fazer a diferenciação. A história busca produzir um conhecimento racional, uma análise crítica por meio de uma exposição lógica dos acontecimentos e vidas do passado. A memória, por sua vez, também é uma "construção do passado, mas pautada em emoções e vivências; ela é flexível e os eventos são lembrados à luz da experiência subsequente e das necessidades do presente" (Ferreira, 2002, p.321). Pinto (2001, p.297) traz uma importante contribuição, afirmando que

a memória recupera a história vivida, história como experiência humana de uma temporalidade, e opõe-se à história como campo de produção de conhecimento, espaço de problematização e de crítica. Na operação histórica, o passado é tornado exclusivamente racional, destituído da aura de culto, metamorfoseado em conhecimentos, em representação, em reflexão; na constituição da memória, ao contrário, é possível reincorporar a ele, passado, um grau de sacro, de mito.

Pode-se definir "memória" como um conjunto de funções cerebrais que permitem ao homem guardar as mensagens, mas há que se levar em

Relações públicas e a construção da história empresarial

conta a permanente possibilidade de seleção desses conteúdos antes de sua evocação. É de fortes sentimentos e emoções que memórias diversificadas irrompem e invadem a cena pública, buscando reconhecimento, visibilidade e articulação. Em geral, suprem um espaço que a racionalidade história é impotente para exprimir, "atualizando no presente vivências remotas (revisitadas, silenciadas, recalcadas ou esquecidas) que se projetam em relação ao futuro" (Seixas, 2001, p.98), dentro de uma noção de que "memória é o lugar das articulações factuais e das impressões subjetivas sobre o vivido" (Meihy, 2010, p.181-182).

A história é a reconstrução, por vezes problemática e incompleta, do que não existe mais e demanda análise e discurso crítico típicos de uma operação intelectual; a memória é um fenômeno sempre atual, um elo vivido no presente que instala a lembrança no sagrado. Enquanto a memória se enraíza no concreto, no espaço, no gesto, na imagem ou no objeto, a história só se liga às continuidades temporais, às evoluções e às relações das coisas (Nora, 1993, p.9).

Todos os rastros da história, sejam do progresso, sejam da decadência, deixam registros na memória histórica. Benjamin (1986a, p.39) fala com simplicidade que "um acontecimento vivido é finito, ou pelo menos encerrado na esfera do vivido, ao passo que o acontecimento lembrado é sem limites".

3.2 Memória organizacional e história

Partindo-se do conceito de que a memória organizacional é uma seleção subjetiva daquilo que é o passado, com presença afirmada no presente e influência no futuro da empresa ou instituição (Nassar, 2009a, p.295), fica claro o raciocínio que conduz à compreensão da pertinência dessa área como parte indissociável da comunicação nas organizações – sistemas abertos cada vez mais complexos – e ainda, da memória como contribuinte efetiva do enfoque das interações informativas e relacionais, sobremaneira na valoração de ativos intangíveis e nos postulados e atributos de marcas potencializados com base em um sentido histórico lastreador.

120

Relações públicas

A percepção e a narrativa consequente vinda de públicos diversos sobre organizações estão impregnadas de sensações dadas por um contexto econômico e social, e certamente podem ser fortalecidas mediante o resgate histórico desses agentes. Para além das decisões de posicionamento mercadológico, cuja exigência de foco também acaba por vezes desvirtuando o que seria a essência de surgimento e conduta da organização, o que se chama à atenção é a possibilidade diferenciadora de utilização da história lembrada como recurso de atratividade e genuinidade.

Worcman (2004, p.23-24) defende um modelo de memória na empresa como agente catalisador no apoio a negócios, na coesão de grupo e elemento de responsabilidade social e histórica. São experiências acumuladas e transformadas em conhecimento, afinal,

> a história de uma empresa não deve ser pensada apenas como resgate do passado, mas como marco referencial do qual as pessoas redescobrem valores e experiências, reforçam vínculos presentes, criam empatia com a trajetória da organização (Worcman, 2004, p.23).

É esse campo controverso de pesquisas que, na atualidade, se debruça, cada vez mais, sobre os acontecimentos das organizações, os seus integrantes e dirigentes, bens e serviços e seus relacionamentos com a sociedade e os seus públicos, configurando o que se denomina história empresarial.

Dada história é uma narrativa individual, social ou organizacional estruturada com base em memórias individuais, sociais ou organizacionais. Assim, ela é uma narrativa possível entre muitas outras narrativas. O importante é entendermos que essa construção é alicerçada naquilo que foi (ou é) relevante para cada indivíduo, grupo ou organização. O que daí se coleta constitui a memória.

Dentro dessa visão, a cultura, os comportamentos, os símbolos, a identidade e a comunicação, o conjunto de elementos que formam a personalidade e a imagem de uma empresa ou instituição, são os grandes pilares da memória, a qual é seletiva: escolhem-se as experiências (boas e negativas) que os inúmeros públicos têm com a organização, seus gestores, empregados, produtos e serviços.

Relações públicas e a construção da história empresarial

Esse aspecto seletivo tem conexão direta com o presente da organização, traduzido em questões bastante objetivas com que ela deve se defrontar diante dos públicos e da sociedade: como lidou com as adversidades em sua trajetória; como tratou os funcionários em tempos de "vacas magras"; como se relacionou com a comunidade; como se comportou quanto ao desenvolvimento do país. A infinidade de perguntas possíveis sobre uma organização e os seus dirigentes expressa as realidades relacionais ou, ainda, a memória relacional da organização, sendo-nos possível afirmar que, em última instância, a história empresarial é a história de suas relações públicas. Em síntese, as organizações e os seus públicos, ao pensarem suas histórias, estão sempre falando do presente. Santo Agostinho (2004, p. 344-345) trabalha essa ideia da seguinte forma:

> Agora está claro e evidente para mim que o futuro e o passado não existem, e que não é exato falar de três tempos – passado, presente e futuro. Seria talvez mais justo dizer que os tempos são três, isto é, o presente dos fatos passados, o presente dos fatos presentes, o presente dos fatos futuros. E esses três tempos estão na mente e não os vejo em outro lugar. O presente do passado é a memória. O presente do presente é a visão. O presente do futuro é a espera. Se me é permitido falar assim, direi que vejo e admito três tempos, e três tempos existem. Diga-se mesmo que há três tempos: passado, presente e futuro, conforme a expressão abusiva em uso. Admito que se diga assim. Não me importo, não me oponho nem critico tal uso, contanto que se entenda: o futuro não existe agora, nem o passado. Raramente se fala com exatidão. O mais das vezes falamos impropriamente, mas entende-se o que queremos dizer.

J. Luis Borges (1993) argumenta:

> A identicidade pessoal reside na memória e perder a memória é perder aquela faculdade que inibe o cretinismo. Nós podemos pensar a mesma coisa com relação ao universo. Sem um espelho sensível e secreto a guardar o que se passa nas nossas almas, a história universal não é nada mais do que tempo perdido – e com ela nossa história, o que nos reduz de maneira desagradável à condição de fantasmas.

Relações públicas

Para o autor, a memória é uma espécie de deus falante, pleno de fragmentos do presente. Ele afirma em sua obra *História da eternidade* (1993): "O presente é tudo: morrer é perder o presente, que é um lapso de tempo infinitamente breve." Havia em Borges a convicção de que a história estava encoberta pelas "trevas inerentes ao tempo: mistério metafísico, natural, que devia preceder à eternidade, esta filha do homem". Questionava se o tempo caminhava do passado para o futuro ou se o futuro não passava de uma simples "construção de esperança" reduzida ao momento atual, que, por sua vez, se desintegra no passado. Via o tempo de maneira mágica, isto é, pela ótica da simultaneidade. Rechaçava toda e qualquer tentativa de cronologia mecânica entre o passado, o presente e o futuro. Daí a conclusão de que toda identidade pessoal é residente na memória.

Ainda quanto à memória, Hobsbawn (1998, p. 23) afirma que "o que é definido oficialmente como 'passado' é e deve ser claramente uma seleção particular da infinidade daquilo que é lembrado ou capaz de ser lembrado".

O filósofo francês Henri Bergson (1999, p. 88-89) propõe dois tipos de memória: a memória pura, que registra, "sob forma de imagens-lembranças, todos os acontecimentos de nossa vida cotidiana à medida que se desenrolam"; e a memória-hábito, que os cria e fixa em nossa mente com base na repetição, não representando o nosso passado, mas "o encenando", em virtude de um objetivo útil. Para ele, "uma *imagina* e a outra *repete*". A que *imagina* se aproxima da memória proustiana, brotada naturalmente na cabeça do narrador de *No caminho de Swann*,[2] estimulado pelo gosto de um biscoito:

> Fazia já muitos anos que, de Combray, tudo que não fosse o teatro e o drama do meu deitar não existia mais para mim, quando num dia de inverno, chegando eu em casa, minha mãe, vendo-me com frio, propôs que tomasse, contra os meus hábitos, um pouco de chá. A princípio recusei-me e, nem sei bem por quê, acabei aceitando. Ela então mandou buscar um desses biscoitos curtos e rechonchudos chamados

---

2. Primeiro dos três volumes da obra *Em busca do tempo perdido*, em que Proust se dedica principalmente à narração de sua infância e adolescência.

Relações públicas e a construção da história empresarial

madeleines, que parecem ter sido moldados na valva estriada de uma colcha de São Tiago. E logo, maquinalmente, acabrunhado pelo dia tristonho e a perspectiva de um dia seguinte igualmente sombrio, levei à boca uma colherada de chá onde deixara amolecer um pedaço da *madeleine.* Mas no mesmo instante em que esse gole, misturado com os farelos do biscoito, tocou meu paladar, estremeci, atento ao que se passava de extraordinário em mim.

O extraordinário narrado é o despertar para o personagem proustiano de memórias não mais lembradas:

E como nesse jogo em que os japoneses se divertem mergulhando numa bacia de porcelana cheia de água pequeninos pedaços de papel até então indistintos que, mal são mergulhados, se estiram, se contorcem, se colorem, se diferenciam, tornando-se flores, casas, pessoas consistentes e reconhecíveis, assim agora todas as flores do nosso jardim e as do parque do Sr. Swann, e as ninfeias do Vivonne, e a boa gente da aldeia e suas pequenas residências, e a igreja, e toda Combray e suas redondezas, tudo isso que toma forma e solidez, *saiu, cidade e jardins, de minha xícara de chá* (grifo do autor).

Esse turbilhão de lembranças do sujeito, estimulado pelo pesquisador, por um objeto, por uma pergunta e pela possibilidade de uma narrativa desvinculada de um objetivo prático, que traz um reencontro com um passado feliz ou importante, ou com uma comunidade de destino,[3] é o que podemos definir como sentimento de pertencer ou de pertencimento.

A filósofa Marilena Chauí (1999, p. 129), além dos tipos de memória descritos por Bergson, arrola mais os seguintes:

1. "a memória perceptiva, (...) que nos permite reconhecer coisas, pessoas, lugares etc. e que é indispensável para nossa vida cotidiana; 2. a memória social ou histórica, que é fixada por uma sociedade através de mitos fundadores e de relatos,

---

3. Ecléa Bosi (1973, p. 38), em *Memória e sociedade: lembrança de velhos,* constrói a sua pesquisa tendo como referência uma comunidade de destino, o envelhecimento.

Relações públicas

registros, documentos, monumentos, datas e nomes de pessoas, fatos, lugares que possuem significado para a vida coletiva; excetuando-se os mitos, que são fabulações, essa memória é objetiva, pois existe em objetos (textos), monumentos, instrumentos, ornamentos etc., e fora de nós; 3. a memória biológica da espécie, gravada no código genético das diferentes espécies de vida e que permitem a repetição da espécie; 4. a memória artificial das máquinas, baseada na estrutura simplificada do cérebro humano.

Halbwachs (2004) pensa a memória como um trabalho de reconstrução do passado de um narrador. Por isso mesmo a memória é o presente na medida em que ela é revivida com os materiais do que está na consciência presente do narrador: imagens, palavras, sentimentos e experiências atualizadas. O autor não focaliza os seus estudos na memória individual, mas no que ele chama de quadros sociais da memória. Ou seja, a memória é um produto dos outros. Para ele, nós nos lembramos porque o mundo presente faz com que nos lembremos.

No âmbito da história empresarial, é relevante perguntarmos o que é selecionado no campo da memória pelos gestores que formam a direção da organização. Além disso, em que espaços, momentos e condições são feitas essas seleções de memória. Mais relevante ainda, para os pesquisadores, é destacar quais são os fatos e os personagens esquecidos no âmbito da história empresarial. Sobre o que se transformará em história formalizada Hobsbawn (1998, p. 23) comenta que "em toda a sociedade, a abrangência desse passado social formalizado depende, naturalmente, das circunstâncias". No contexto das empresas, estas estão claramente relacionadas a modelos de produção, tirania ou democracia interna, visão de relacionamentos públicos, entre outros fatores. A metodologia da história oral defendida por Thompson (1992) aponta para um caminho em que a construção da memória empresarial pode ser mais democrática, na medida em que possibilita, pela voz de inúmeros narradores, múltiplas versões da história de uma organização e de seus integrantes, não permitindo o desaparecimento de personagens históricos e de suas memórias.

Sobre o desaparecimento da memória e sua fugacidade, Primo Levi (2004, p. 19), ao descrever o cotidiano de Auschwitz, onde se perpetrava o holocausto contra milhares de judeus, lembra que "as recordações que jazem em nós não estão inscritas na pedra; não só tendem a apagar-se com os anos, mas muitas vezes se modificam ou mesmo aumentam, incorporando elementos estranhos". Para o autor, diante da memória – de suas falsificações (ou edições), de seus lapsos –, e em prol de sua confiabilidade, é importante se perguntar em qual linguagem, em que matéria, em que instrumentos, em que condições as memórias foram lembradas, escritas. Outras questões relevantes são levantadas por Levi: quem tem o interesse em deformar as memórias?; a quem beneficiam ou prejudicam os esquecimentos?

Na realidade das organizações, são inúmeros os fatos, os documentos e as pessoas que não alcançam o *status* de memórias em razão da engenharia do esquecimento, que chamaríamos de "relações não públicas". Ela se dá pelo afastamento de protagonistas e testemunhas, pela destruição de instalações, máquinas, objetos e documentos, pela desativação de fábricas e escritórios, pelo descarte de objetos, máquinas e documentos, assim como pela demissão, sob inúmeros pretextos, de trabalhadores. Levi (2004, p. 9) nos alerta sobre os extermínios das representações (a memória, lembremo-nos, é uma delas):

> Muitos sobreviventes (entre outros, Simon Wiesenthal, nas últimas páginas de *Gli assassini sono fra noi* (Milão, Garzantio, 1970) recordam que os SS se divertiam avisando cinicamente os prisioneiros: "seja qual for o fim desta guerra, a guerra contra vocês nós ganhamos; ninguém restará para dar testemunho, mas, mesmo que alguém escape, o mundo não lhe dará crédito. Talvez haja suspeitas, discussões, investigações de historiadores, mas não haverá certezas, porque destruiremos as provas junto com vocês. E, ainda que fiquem algumas provas e sobreviva alguém, as pessoas dirão que os fatos narrados são tão monstruosos que não merecem confiança: dirão que são exageros da propaganda aliada e acreditarão em nós, que negaremos tudo, e não em vocês. Nós é que ditaremos a história dos *Lager* – campos de concentração".

Dessas observações de Levi sobre as condições em que podem se originar, registrar e narrar as memórias, se depreende a existência de inúme-

Relações públicas

ras memórias e de suas interações com possíveis ouvintes. Por exemplo, a memória proustiana que brota de maneira involuntária de uma xícara de chá e do sabor da *madeleine*. Ou a memória insegura trazida pela pergunta de Pedro Nava (1972), considerado o maior memorialista brasileiro: "Para quem escreve memórias, onde acaba a lembrança, onde começa a ficção?"

3.3 Memória no contexto social e organizacional

As políticas e as ações empresariais "precisam passar por processos de legitimação, produzidos por meio de processos participativos" (Nassar, 2008a, p.192), os quais acabam envolvendo grande número de protagonistas. Esse caminho exige a concatenação dos discursos da ação privada, sem abandonar seus fins produtivos e lucrativos, mas contemplando as aspirações das comunidades, que deve entender seus valores. Agiganta-se a importância da comunicação e dos relacionamentos entabulados, com o descentramento da organização como ente emissor preponderante:

> Aquelas pessoas que foram quase sempre receptores, objetos das relações públicas e da comunicação organizacional, passam a ser personagens, protagonistas de conteúdos, de uma história social, que é o entrelace entre a história do indivíduo, agora ator, e a história da organização (Nassar, 2009a, p.292).

Trata-se de uma realidade comunicacional e relacional difícil de ser absorvida pelas áreas de comunicação e inteligência empresarial, concebidas como uma sala de controle e de observação, tal qual um *panopticon*. Um conceito concebido pelo fiósofo inglês Jeremy Bentham e que, metaforicamente,

> pode ser pensado como um edifício circular, do qual os seus habitantes são observados e vigiados, pela administração assentada no centro da estrutura, sem que sejam avisados por placas de "sorria, você está sendo filmado". Tal ideia (sic), voltada para o controle social, se concretizou na administração e no controle cotidiano de cidades, ruas, instituições de escolas, hospitais, hospícios, prisões e empresas (Nassar, 2011a, on-line).

Relações públicas e a construção da história empresarial

As organizações são percebidas, lembradas e narradas de inúmeras formas pela sociedade, pelos mercados, pelos públicos e pelos indivíduos. Uma das formas mais importantes é definida pela história e pelas diferentes formas de memória dessa história, que os protagonistas sociais têm das organizações como um todo e também em suas expressões individuais. As organizações, como os indivíduos, não existem fora da sociedade e, assim, são participantes, mesmo na omissão, dos acontecimentos sociais. É preciso perceber que "são as mensagens, as histórias que configuram as redes de relacionamento, só por meio da análise, da interpretação e da opinião sobre esses conteúdos é possível entender a rede" (Nassar, 2008a, p.199).

Um exemplo recente dessa relação entre organização e história foi registrado por um anúncio publicitário do Banco Santander Banespa, veiculado nos principais jornais de São Paulo, em 17 de maio de 2006, logo após os atentados praticados pelo Primeiro Comando da Capital (PCC) e as respostas policiais que causaram mais de cem mortes de civis, membros das forças policiais, integrantes do PCC e cidadãos. No anúncio, considerado oportunista por muitos – como demonstraram as cartas de leitores de jornais indignados com "a jogada de marketing" – o banco prestava "uma justa e necessária homenagem" aos defensores da lei e da ordem que morreram naqueles acontecimentos. Eduardo Salamuni, de Curitiba (PR), assim se expressou no Painel do Leitor, da *Folha de S. Paulo* (p. A3, 18.05.2006):

> Ontem, na página A5 da *Folha*, o Banco Santander usou os nomes dos policiais covardemente assassinados para prestar aquilo que imaginou ser uma "justa e necessária homenagem". Sugiro que, neste momento, esses senhores se calem em obsequioso silêncio em respeito às famílias das vítimas e, afinal, em respeito a todas as famílias brasileiras. Minha solicitação decorre do fato de eu estar indignado com esse tipo de cinismo e hipocrisia, posto que são as instituições bancárias os agentes principais da brutal concentração de renda em nosso apequenado Brasil. Ao apostar em juros extorsivos, em execuções sumárias de suas ações de despejo e expropriação de casas, veículos, terras e colheitadeiras, empurram milhares de famílias a indignas condições de padrão social, ajudando na formação da "mão de obra" que o PCC e que tais utilizam nas suas ações. Lanço um desafio a esses

Relações públicas

condoídos senhores. Querem mesmo prestar homenagens? Então ofereçam a cada uma das famílias das vítimas policiais, heróis mal remunerados, um ano de salário que eles receberiam se estivessem vivos. Gostaria de ver se esses senhores têm a mesma coragem das vítimas, que, afinal, perderam a vida por aceitarem defender, também, o estilo de vida dos senhores banqueiros.

Inúmeros outros exemplos podem ser pinçados na demonstração desse alinhamento das organizações com os acontecimentos sociais. Dentre eles cite-se ainda a campanha publicitária realizada pela Forum Jeans, uma das cinco maiores empresas brasileiras do setor de roupas, nos meses de abril e maio de 2006, conclamando os jovens a tomarem uma atitude em relação aos escândalos políticos do "mensalão" – é claro que vestidos com os *jeans* da companhia. O texto inicial dizia: "Você também pode ajudar a limpar o Brasil. Dê sua opinião. A Forum quer mostrar que o Brasil merece confiança e lança um movimento pela defesa da ética, da moralização e da conscientização da sociedade."

Outra campanha publicitária nessa linha engajada, veiculada no Brasil a partir de 21 de abril de 2006, coincidentemente a data comemorativa da Inconfidência Mineira, foi a da "autossuficiência brasileira em petróleo" promovida pela Petrobras.

Essa relação entre história, memória, comunicação e relações públicas tem exemplos fortes em tempos mais distantes, como o da Segunda Guerra Mundial, que nos mostra grandes empresas alemãs, presentes na atualidade em escala global, como a Siemens, Krupp, Mercedes-Benz, Basf, Bayer, entre outras, participando da máquina genocida de Adolf Hitler, e ainda, no mesmo período, o registro histórico do envolvimento de grandes bancos suíços no desaparecimento de bens de populações inteiras consideradas impuras sob o ponto de vista étnico nazista.

Mais recentemente, tivemos o caso de multinacionais norte-americanas, entre as quais a Dow Chemicals e a Monsanto, no desenvolvimento de armas químicas, entre as quais o célebre agente laranja, desfolhante largamente utilizado durante a Guerra do Vietnã pelas forças militares dos Estados Unidos no bombardeio de florestas e arrozais,

Relações públicas e a construção da história empresarial

cujos efeitos tóxicos e letais atingiram segunda e terceira gerações, afetadas pela exposição sofrida por seus pais (Fawthorp, 2004). A memória histórica também registra, nos anos 1970, a participação da multinacional norte-americana International Telegraph & Telephone Corp. (ITT) na orquestração do golpe militar contra o presidente socialista eleito do Chile, Salvador Allende.

É claro que a atuação histórica das organizações, notadamente das empresas, não se caracteriza apenas por ações que denotam uma interferência malévola no espaço público. A busca pela legitimidade na sociedade em níveis nacional e internacional, mediante ações que se enquadram como de responsabilidade social, é, no mínimo, uma demonstração de que essas organizações são suscetíveis às críticas e pressões sociais ou, ainda, procuram restabelecer um processo de purificação de suas imagens e de suas reputações comprometidas por ações passadas.

A estruturação desses processos de fortalecimento, defesa e construção da imagem das organizações e, por extensão, de instalações, bens e serviços, pessoas e líderes que as integram tem acontecido de forma crescente nas ações relacionais e comunicacionais das empresas e instituições, no Brasil e no mundo. A mensuração e a tipificação desses processos que ligam a história, as relações públicas e a comunicação organizacional serão vistas no próximo capítulo deste livro. Antes de detalharmos a pesquisa que fizemos, perpassaremos aspectos teóricos desses campos, especialmente os que se vinculam à memória e à história empresarial.

3.4 Memória organizacional e relações públicas

A utilização da história e da memória é um fato que se afirma cada vez mais como uma prática dentro do planejamento de relações públicas e de comunicação organizacional, no contexto das empresas e instituições brasileiras, principalmente a partir dos anos 1990. Ao compreender a vida de uma organização disposta na linha do tempo,

Relações públicas

podemos distinguir quão importantes foram e são os fatos históricos, as reações, as linhas de comando e o perfil que ela vai incorporando, traduzindo-se na própria maneira de ser da organização, e as relações públicas e a comunicação organizacional brasileiras elegeram os programas de história empresarial como depositários dos atributos construídos ao longo do tempo e indispensáveis para os trabalhos voltados para os relacionamentos públicos e para os desenhos de imagens e reputações (Nassar, 2009a, p.291).

É nessa perspectiva que se afirma (Nassar 2006c, on-line) que "no contexto atual para as empresas e instituições (...) a memória é reputação". A força da experiência passada está presente, construindo ou demolindo empresas e carreiras, e a memória registrada em documentos, na cabeça das pessoas e aquelas lembranças contadas por interagentes, é o que consolida a reputação. É fundamental equilibrar os aspectos econômicos, sociais e psicológicos de suas atividades produtivas e a força da história e da memória como elementos de definição da identidade, imagem e reputação. É dito (Nassar 2007a, on-line) que

a partir das expressões culturais de uma empresa, as sociedades e mercados se reconhecem para o bem e para o mal em marcas, produtos, valores e atitudes. Ao escavar suas memórias, na linha do tempo de sua trajetória, as empresas talvez conquistem o reconhecimento de suas responsabilidades históricas em relação ao estado atual do mundo.

Conforme escrevem Elida Gagete e Beth Totini (2004, p. 113), em 1905 e 1907, na Alemanha, a Krupp e a Siemens criaram os primeiros arquivos empresariais de caráter histórico. Outro importante marco inicial, segundo as autoras, foi a introdução, em 1927, na Universidade de Harvard, da disciplina História Empresarial,

com o objetivo de estudar a biografia de empresários e a evolução das instituições a partir de seus próprios arquivos, de onde se buscava apreender as técnicas administrativas pelas quais os empresários dirigiam seus negócios para que servissem de objeto de estudo acadêmico.

Relações públicas e a construção da história empresarial

Gagete e Totini destacam ainda o estabelecimento, na Inglaterra, na França e na Itália, de instituições com o objetivo de preservar arquivos empresariais. Para elas, as décadas de 1940 e 1950 são pontos de inflexão em que os estudos históricos voltados para as empresas começam a privilegiar os processos internos de mudanças organizacionais:

Temas multidisciplinares, comparativos e transversais à trajetória institucional da empresa – como o desenvolvimento de produtos, parcerias, processos de mudança da estrutura corporativa, entre outros – passaram a compor o universo da memória empresarial. Um dos mais importantes marcos desse novo posicionamento foi o estudo realizado por Alfred Chandler, professor emérito da Harvard Business School, intitulado *Management decentralization: a historical analysis*. Publicado em 1956, o ensaio baseou-se em biografias empresariais, relatórios anuais, livros e revistas de negócios. Nele, Chandler buscou sistematizar os modelos de evolução organizacional em dez setores industriais, estabelecendo paralelismos e comparações (Gagete e Totini, 2004, p. 114-115).

Parece não haver mais dúvida de que a história e a memória podem ser poderosos caminhos para construção de marca e consolidação da cultura. As organizações criam as suas histórias e referências e

forjam os seus heróis, mitos, ritos e rituais. E as organizações que sistematizam o registro desses elementos ligados ao simbólico e as comunicam para todos os seus públicos têm as mesmas identidades fortalecidas, missões protegidas e destinos assegurados (Nassar, 1999b, p.11).

A convergência das responsabilidades empresariais, tema típico do trabalho das relações públicas, se dá pelo guarda-chuva da Responsabilidade Histórica Empresarial, que reúne as responsabilidades comercial, legal, ambiental, cultural, social e política num conceito sistêmico, relacionado às atividades humanas. Assim, para a empresa responder à sociedade com legitimidade, de maneira que ela possa preencher ambas as necessidades e preservar, planejar e agir de forma a manter indefinidamente as condições indispensáveis para a vida atual e futura,

Relações públicas

é preciso que a empresa seja vista a partir de uma linha do tempo, na qual se possa fazer uma análise atitudinal, se perceba a energia dinâmica que transita entre passado e futuro, que permite entender o presente e inferir quais impactos serão gerados (Nassar, 2007b, on-line).

Para conhecer uma empresa, avaliá-la com coerência e responsabilidade, crer no seu discurso e estabelecer uma relação de confiança, é preciso olhar sua trajetória no tempo, na perspectiva histórica, que contém todas as responsabilidades – cumpridas ou não.

3.4.1 A memória no marco da administração

Os inúmeros relatos e documentos sobre o campo da história empresarial, durante quase todo o século XX, mostram-no dentro dos limites dos estudos econômicos e administrativos. No Brasil, suas pesquisas e ações se dão também nesse marco. Destacam-se, dentro dessa abordagem, os estudos de Cleber Aquino (1986), que resultaram na coleção de livros intitulados *História empresarial vivida*, com depoimentos de empresários tradicionais brasileiros que ergueram as suas companhias, muitos deles, com o esforço e os recursos de suas famílias.

Os primeiros volumes estavam assim formatados: I – Olacyr Francisco de Moraes (Grupo Itamarati); Omar Fontana (Transbrasil); Jorge Wilson Simeira Jacob (Grupo Fenícia); Paulo Diederichsen Villares (Empresas Villares). II – Eugênio Staub (Indústrias Gradiente); Jorge Gerdau Johannpeter (Grupo Gerdau.); Ângelo Calmon de Sá (Banco Econômico); Márcio Fortes (João Fortes Engenharia). III – Matias Machline (Grupo Sharp); Henry Maksoud (Hidroservice); João Carlos Paes Mendonça (Grupo Bompreço); Mauro Salles (Salles Interamericana de Publicidade). IV – Antônio Ermírio de Moraes (Votorantim); José Dias de Macedo (J. Macedo S.A.); Yvonne Capuano (Clock S.A.); Victor Civita (Editora Abril). V – Norberto Odebrecht (Construtora Odebrecht); Sheun Ming Ling (Petropar); Leon Feffer (Companhia Suzano); Attilio Fontana (Sadia).

Relações públicas e a construção da história empresarial

O trabalho de Aquino trilhava a abordagem de Harvard de produzir uma história empresarial sob "a ótica do negócio" ao destacar em seus livros, documentos, artigos e cursos gerados a procura pelos seguintes objetivos:

- Disponibilização, para a sociedade, da trajetória dos principais líderes empresariais brasileiros e de suas empresas;
- Estudo comparativo dos negócios brasileiros em relação aos desenvolvidos em outras culturas;
- Entendimento do comportamento empresarial "como expressão do contexto civilizatório e cultural e institucional". Sobre essa relação, Aquino (2003) afirma:

A empresa é um "pedaço'" da sociedade, reproduzindo as contradições do seu entorno, um subsistema do mundo e do Brasil. Nesse sentido, pergunta-se: como está posicionado o parque empresarial brasileiro na competição globalizada e cruel nesse limiar do século XXI? Antes de responder a esta interrogação, cabe afirmar: neste século, apenas quatro empresas irão sobreviver – as donas do planeta (gigantes multinacionais e globais), quem trabalha para elas, as líderes em nichos de mercado – e quem não se encaixa numa das três alternativas vai vender caldo de cana, pipoca etc. Ademais, entre elas, a competição será crescentemente acirrada, ficando em pé somente as melhores, as excelentes, aquelas dotadas de uma "elite de gestão", de uma governança corporativa refinada, dedicada à estratégia da empresa e à avaliação criteriosa do desempenho da diretoria.

No primeiro volume de *História empresarial vivida*, Aquino (1986, p. 24-26) expõe as bases da disciplina História de Negócios Brasileiros, que seria criada na Faculdade de Economia e Administração da Universidade de São Paulo (FEA-USP). Destacamos aqui os seguintes pontos do autor:

a) Estabelecer, estimular, proporcionar um diálogo permanente, uma interação constante entre a classe empresarial brasileira e todos os públicos nacionais, especialmente o acadêmico. Inconcebível uma universidade, especialmente uma escola de administração, não cultivar um relacionamento constante com os empresários, pois são eles que definem as expectativas em relação a seus futuros executivos e assessores que estão sendo formados na universidade.

134

Relações públicas

b) Repassar a experiência empresarial e administrativa brasileira para todo o país e até para o resto do mundo, através de livros e de outras formas de publicação, sobre a vida, a obra e o tempo dos grandes empresários brasileiros. O Brasil já dispõe de experiências empresariais em condições de serem exportadas.

c) Traçar o perfil da história brasileira, através de estudo, debates e reflexões sobre a vida, a obra e o tempo dos grandes empresários brasileiros. Os depoimentos feitos em *História empresarial vivida* fornecem um rico painel dessa história a partir da ótica dos negócios. Esse papel contribui para se estudar e praticar "administração", tendo como pano de fundo a cultura brasileira.

d) Proporcionar aos professores, estudantes de administração, economia e outras disciplinas afins lições vividas de negócios, dando-se, assim, oportunidade de se enriquecer a teoria administrativa brasileira (hoje fortemente influenciada por culturas estrangeiras) a partir de lições da cultura nacional. Quando um empresário diz que contrata um executivo em função da "confiança" e obtém sucesso com esse executivo, é muito justo e recomendável que o seu critério de contratação de executivos seja pelo menos debatido nas salas de aula. Por trás desse processo de contratação há todo um processo cultural, que não pode deixar de ser levado em consideração. Administrar é também uma expressão cultural. Ela retrata os valores de uma dada comunidade.

e) Despertar na juventude o espírito empresarial, mediante o conhecimento da "vida" e da "obra" de homens que conseguiram construir empresas de grande porte. Dar oportunidade para muitas pessoas "desbloquearem" as suas potencialidades empresariais, mediante estímulos e a observação de *lições e casos* bem-sucedidos no mundo dos negócios. Isto num momento em que se discute o papel da empresa privada, da livre iniciativa, como um dos grandes motores do desenvolvimento nacional. E também quando se constata que parte considerável da juventude gostaria de se estabelecer por conta própria.

f) Traçar uma "ponte" entre o mundo acadêmico, tradicionalmente fechado, e o mundo empresarial. A longo prazo, o programa "História empresarial vivida" pretende criar uma "ponte" até com o resto do mundo, exportando experiências

135

Relações públicas e a construção da história empresarial

brasileiras de negócios. Da mesma forma como somos levados a estudar experiências de Henry Ford, Alfred Sloan, Iacocca, Akyo Morita e muitos outros, também nos sentimos no direito de fazer o mundo estudar ou, pelo menos, tomar conhecimento das experiências de Olacyr Francisco de Moraes, Omar Fontana, Jorge Wilson Simeira Jacob, Paul Diederichsen Villares e muitos outros vitoriosos empresários brasileiros.

g) Conscientizar a universidade e a classe empresarial de que o conhecimento, a verdade, a sabedoria não são privativos de instituições, de grupos de pessoas, de profissionais titulados, mas, sim, constituem um patrimônio da humanidade. Nada mais salutar, pois, do que a tentativa do programa "História empresarial vivida" de promover esse diálogo, no mesmo pé de igualdade, entre universidades e os empresários e desses com outros públicos nacionais.

h) Enriquecer a bibliografia administrativa através da publicação de entrevistas, depoimentos, artigos, teses e outros meios de divulgação a partir de experiências vividas pelos empresários brasileiros. Quando se estuda uma bibliografia sem se fazer sua vinculação com o real, ela tende a se tornar fonte de ficção e artificialismo. Uma bibliografia estudada fora da realidade, pelo menos em administração, torna-se enfadonha e improdutiva.

Na mesma linha do trabalho de Aquino, Jacques Marcovitch (2003; 2005; 2007) reflete sobre a história empresarial brasileira pelo relato da trajetória e da memória empresarial de empresários de grandes empresas brasileiras, a quem denomina pioneiros. Nos três volumes que compõem a série "Pioneiros e empreendedores: a saga do desenvolvimento no Brasil" são desenvolvidos os perfis de 24 personagens cujas escolhas são justificadas não só pelos seus êxitos econômicos, mas também "por características típicas do empreendedorismo como visão de futuro, sensibilidade estratégica e capacidade de inovação" (Marcovitch, 2003, p.13-14). Outros detalhes dessa cronologia já estão registrados em artigo escrito por mim e outros autores (Nassar, 2011d, p.139).

Outros temas, como a criação de valor para as organizações e a defesa de sua imagem em situações de crise, foram por nós assinala-

Relações públicas

dos no artigo "História e comunicação empresarial" (Nassar, 1999b). Destacávamos então que

a história da Organização Odebrecht nos mostra – por intermédio dos acontecimentos do início dos anos 1990, entre eles, o *affair* da empresa como personagem da CPI do Orçamento – a dificuldade em estabelecer a coerência entre os valores do gestor e os espinhos do mundo real.

Citávamos a socióloga Aspásia Camargo, que, em seu texto "Os usos da história oral e da história de vida: trabalhando com elites políticas em dados", publicado no volume 27 da *Revista de Ciências Sociais*, em 1984, ao afirmar a validade do método bibliográfico e da história de vida, nos diz que esse enfoque pode dar origem a "um tipo especial de documento, no qual a experiência pessoal se entrelaça à ação histórica, diluindo os antagonismos entre subjetividade e objetividade". Continuávamos:

A visibilidade que a sociedade tem da história de uma empresa e de seus gestores pode ser um ingrediente poderoso nos processos de *crisis management* e concorrência. Em meio às adversidades, as empresas e os gestores que têm as suas trajetórias, realizações, contribuições e atitudes bem posicionadas na sociedade podem contar com o apoio, a compreensão e a solidariedade dos públicos sociais. A Coca-Cola, diante dos problemas que enfrentou recentemente na Bélgica, lembrou, em sua defesa, os 113 anos de sua história. No ambiente de concorrência acirrada, as empresas que podem agregar valor, por meio de pitadas de sua história, à sua logística, à sua conveniência, ou ainda ao tradicional "p" de praça (um dos quatro pês fundamentais no marketing), têm nisso uma genuína e insuperável vantagem competitiva. O empresariado brasileiro tem trabalhado mal a relação de suas empresas e de suas marcas com a história do país e das regiões em que opera. Marcas como Sadia, Bradesco, Gerdau, Embraer, Itaú, Votorantim, Vale, Brahma, entre outras, ainda são pouco percebidas além dos seus produtos e serviços. (...) A leitura de publicações empresariais brasileiras de cunho histórico e biográfico pode revelar indícios de quem vencerá a guerra de mercado, agora com componentes globais.

Relações públicas e a construção da história empresarial

Aduzíamos ainda, no mencionado artigo, que os curiosos e pesquisadores da comunicação empresarial tinham inúmeros registros dos valores, das crenças, das ideias e das tecnologias compartilhadas pela comunidade empresarial brasileira durante o século que se findava. Entre eles, destacávamos os livros da coleção "Pense grande" (1989), editada por Marino Lobelo, nos quais desfilam as histórias de empresários do porte dos que arrolamos ao nos referirmos à obra de Cleber Aquino. De tempos mais recentes, citávamos *Entrevistas, cartas, mensagens e discursos – 1994/1997*, de Hugo Miguel Etchenique (Brasmotor), que teve como editor o antropólogo e jornalista Rodolfo Guttilla;[4] *A decolagem de um sonho: a história da criação da Embraer*, de Ozires Silva; e a magistral *Memórias de comércio*, "fruta deliciosa do trabalho conjunto do historiador Mauro Malin e do Museu da Pessoa".

A esses títulos históricos, por nós lembrados em 1999, acrescentamos agora *Memórias do Sindicato dos Metalúrgicos do ABC* (1999) e *Memória dos trabalhadores da Petrobras* (2003), ambos produzidos pelo Museu da Pessoa; *CSN: um sonho feito de aço e ousadia*, de Regina da Luz Moreira (Fundação Getulio Vargas); *BNDES – 50 anos: histórias setoriais* (2002), produzido pela DBA; *Gessy Lever: história e histórias de intimidade com o consumidor brasileiro* (2001), coordenado pela Grifo Projetos Históricos; *O Brasil dos meus olhos* (2003), realizado pela La Fabbrica do Brasil/Fiat; *Alexandrino Garcia: o perfil de um pioneiro*, de Luiz Egypto Cerqueira (2002); *Souza Cruz: 100 anos – Um século de qualidade*, de Fernando Morais; e *Empreendedores* (2003), de Jacques Marcovitch.

Gagete e Totini (2004, p. 114) mostram em seu estudo que,

em relação à memória empresarial, buscava-se superar a análise econômica ortodoxa acerca das empresas, até então vistas, de um modo geral, ou como meras unidades de coordenação da produção na economia capitalista ou como centro de conflitos sociais entre empresários e operários, de acordo com as correntes marxistas. A Nova História, assim, trouxe à memória empresarial a dimensão do simbólico.

---

4. Atual presidente do Conselho Deliberativo da Aberje.

Relações públicas

3.4.2 *Memória empresarial como estratégia de relações públicas*

A abordagem da Nova História, já referida neste livro, traz à tona a interdisciplinaridade, ou seja, a intenção dos novos historiadores em estabelecer passarelas entre a História e as Ciências Sociais, a Antropologia, o Direito, a Economia e, no âmbito brasileiro, os campos das Relações Públicas e da Comunicação Organizacional, como pode ser demonstrado principalmente pelos relatos de Worcman (2004) e Gagete e Totini (2004). As trocas entre as diferentes disciplinas do conhecimento vêm permeadas da preocupação recorrente de que elas se estabeleçam sem anular as identidades de cada uma delas.

Dentro do contexto da Nova História, as práticas de história empresarial têm sua autonomia claramente expressa nas abordagens e metodologias utilizadas para o registro memorialístico e para o fazer histórico; já as imbricações entre os interesses de relações públicas e os da história têm sido feitos dentro de um espírito de negociação e de aprendizagem mútua.

Desses novos enfoques historiográficos, o objeto de pesquisa chamado de empresa "passou a ser considerado não apenas unidade de produção de bens e serviços, mas também unidade de produção de significados socioculturais" (Gagete e Totini, 2004, p. 115). Essa nova abordagem colaborou sensivelmente para o estudo da defesa, da construção e da consolidação da cultura, da identidade e da retórica organizacional, que são importantes forças para o fortalecimento dos relacionamentos públicos e do sentimento de pertencimento dos públicos e da sociedade em relação às organizações.

Quanto à retórica como elemento fundamental na criação e implementação de políticas de relacionamentos públicos, Tereza Halliday (1998, p. 32 e 35) elabora a figura do retor, o protagonista organizacional concretizado na pessoa de um gestor ou numa área da empresa ou instituição que alinha as mensagens organizacionais em relação a tudo aquilo que os públicos e a sociedade percebem como competente, compatível e transcendente em relação ao seu destino. Diz a autora:

139

Relações públicas e a construção da história empresarial

O comunicador empresarial é um retor. Aquele que usa palavras e outros símbolos para argumentar em favor da organização. O conceito de argumentação é o cerne da ação retórica. Argumentos não são apenas assertivas para persuadir, mas conjuntos de razões apresentadas, nunca somente com palavras, sempre envolvendo todos os recursos e comportamentos que validem as palavras.

É, sem dúvida nenhuma, na elaboração de uma retórica adequada aos interesses organizacionais que há um ponto de intersecção entre os campos relacionais e os comunicacionais. O retor é também um relacionador, que deve trazer em seu pensamento e em sua atividade todos os recursos e atributos salientados por Simões (2001, p. 55) como característicos das relações públicas, entre os quais a dimensão histórica.

É essa dimensão ligada à construção da cultura e da identidade organizacional que interessa aos estudos de relações públicas, por terem como componente o conjunto de símbolos, comportamentos e processos de comunicação que desenham a personalidade e a imagem corporativa. Sabemos que símbolos, comportamentos, personalidades e processos de comunicação das organizações constituem construções históricas, que têm como referência a sociedade (suas questões, tensões e tendências) e as ações das organizações e de seus gestores. Sobre essas relações, Cees van Riel (1997, p. 35) afirma que "a comunicação, o comportamento e o simbolismo de uma empresa são, de fato, as formas concretas dentro das quais se cristaliza a personalidade organizacional". Worcman (2004, p. 23), abordando esse uso ligado ao comportamento e à personalidade organizacional, ressalta que

a história de uma empresa não deve ser pensada apenas como resgate do passado, mas como um marco referencial a partir do qual as pessoas redescobrem valores e experiências, reforçam vínculos presentes, criam empatia com a trajetória da organização e podem refletir sobre as expectativas dos planos futuros. A sistematização da memória de uma empresa é um dos melhores instrumentos à disposição da comunicação empresarial e corporativa. Isso porque as histórias não são narrativas que acumulam, sem sentido, tudo o que vivemos. O grande desafio está em saber utilizá-las. Se a memória na empresa for entendida como ferramenta de comunicação, como agente catalisador no apoio a negócios, como fator essencial de coesão

Relações públicas

do grupo e como elemento de responsabilidade social e histórica, então poderemos afirmar que esta empresa, de fato, é capaz de transformar em conhecimento útil a história e a experiência acumulada em sua trajetória.

Nassar (2009a, p.298) assinala que a organização que assume o exercício da história e da memória, "simbolicamente se coloca como lugar antropológico, alinhado às vontades da sociedade e das pessoas pertencentes a ela". Um "lugar antropológico", segundo Augé (2008, p.73), é aquele que "se pode definir como identitário, relacional e histórico". Sua oposição são os "não lugares", identificados pelo pensador como aqueles desenhados para não haver compartilhamento, destituídos de simbologias e absortos na velocidade e no excesso da supermodernidade, com exclusão de relacionamentos. Eles são caracterizados pela provisoriedade e pela redução dos códigos de convivência social, em que não se constrói laços tradicionais de identidade, mas relações pragmáticas com indivíduos que são tomados como meros passageiros. Ao contrário, "o lugar organiza e expressa a memória (...) quando destacamos um lugar estamos criando, recriando e celebrando narrativas" (Nassar, 2010d, on-line).

No que tange ao tema Responsabilidade Histórica postulada nesta obra, como matriz dos esforços de relacionamento com a sociedade, é importante assinalar que

um dos principais objetivos dessa aproximação, feita por meio de ações que revelam os traços comuns entre a organização, os seus públicos, as redes de relacionamento e a sociedade, é a meta retórica de fazer a empresa ou instituição ser percebida por esse conjunto de receptores como uma grande comunidade (Nassar, 2009a, p.297).

Ora, a comunidade, como local de harmonia e afetos, coloca-se também como lugar simbólico oposto ao local de trabalho, espaço próprio das máquinas, fruto da razão e da objetividade. De todo modo, no ambiente organizacional brasileiro, os centros de documentação e memória podem ser considerados lugares de memória, e estão compostos por diversos tipos de acervo, conforme quadro a seguir, de Gagete e Totini (2004, p. 125-126).

Relações públicas e a construção da história empresarial

Tipo de acervo	Conteúdo/características
Audiovisual/ videoteca	Fitas de áudio e/ou vídeo produzidas ou acumuladas pela empresa e referentes à sua área de atuação ou setores correlacionados.
Bibliográfico	Publicações e estudos de diferentes procedências e relacionados às linhas de acervo definidas.
De cultura material	Objetos tridimensionais e documentos que representam aspectos significativos da trajetória da empresa, como troféus, certificados, equipamentos, mobiliário etc.
Museológico	Objetos e documentos que se destacam pelo caráter único e inovador que representam, não apenas no universo da própria empresa como do setor em que atua no país – por exemplo, o primeiro computador, o primeiro cartão magnético etc.
Fotográfico	Iconografia relacionada à empresa, de origem interna ou externa, em diferentes suportes (papel, eletrônico, digital ou filme).
Referência	Acervos documentais e virtuais que servem como referência informativa relacionada às linhas de acervo. Pode também abranger monitoramento da concorrência.
Textual permanente	Toda a documentação que reflete aspectos significativos da trajetória do empreendimento, desde sua criação até a atualidade – ou seja, não é formado apenas por documentos antigos ou raros. Fazem parte desse acervo documentos como: ■ Projetos de várias naturezas, viabilizados ou não ■ Relatórios técnicos e administrativos ■ Campanhas promocionais/de marketing ■ Perfis ■ Clipping (em papel ou eletrônico) ■ Jornais internos ■ Correspondência de diretoria ■ Projetos e programas de relações institucionais ■ Planos estratégicos
Coleções	Documentos que atestam aspectos particulares, direta ou indiretamente relacionados às linhas temáticas principais, provenientes de diferentes origens. São consideradas coleções, por exemplo, a documentação relativa à trajetória pessoal e/ou política de fundadores, dirigentes e outras personalidades relacionadas à história da empresa.
Banco de depoimentos	Registros gravados em áudio e/ou vídeo de entrevistas com pessoas ligadas direta ou indiretamente à história da empresa. Essas entrevistas, conduzidas de acordo com os métodos de história oral, são complemento importante do trabalho de pesquisa histórica e de organização de fontes, na medida em que preenchem lacunas informativas e evidenciam elementos intangíveis da evolução da cultura organizacional.

Relações públicas

Gagete e Totini (2004) e Worcman (2004) também falam da importância que têm os produtos comunicacionais gerados das fontes históricas contidas nos acervos. Dentre esses produtos eles assinalam:

■ O livro histórico-institucional, geralmente uma publicação de grande qualidade editorial e gráfica, organizada a partir dos marcos históricos significativos da empresa ou instituição. Gagete e Totini (2004, p. 121-122), descrevendo esse produto, deixam claras as suas finalidades relacionais e comunicacionais voltadas para integrar no "espírito da organização" inúmeros públicos, como os trabalhadores, a imprensa, investidores, consumidores etc.

■ Outras publicações institucionais, vídeos e CD-ROM, relatórios internos, estudos de caso, conteúdos históricos para internet e intranet, *showroom* histórico, museu empresarial, exposições e produtos de suporte.

Na Itália, Davide Ravasi[5] desenvolve uma pesquisa sobre organizações imaginativas, que têm em comum o fato de possuírem um museu vivo conectando *branding*, recursos humanos e gestão de produto no uso do passado para ilustrar as escolhas presentes. São empresas que coletam, colecionam, sistematizam e exibem artefatos históricos em espaços físicos específicos para finalidades variadas, desde a sede de eventos corporativos até projetos de novos produtos e a integração de funcionários e fornecedores – sempre pensando no conhecimento técnico, de design, de cultura e de marca embutido nos objetos. O procedimento básico é recuperar o conhecimento do passado como retomada

---

5. Davide Ravasi é doutor em Administração pela Universitá Bocconi/Itália, onde leciona Gestão Estratégica e Empreendedora desde 1999. Atua ainda como professor visitante da Rotterdam School of Management, da Helsinki School of Economics e da Universitá di Lugano. Desenvolveu pesquisas em museus da Alfa Romeo, Alessi, Ducati e da motocicleta Vespa, assim como no The Jacobsen Brewhouse, espaço histórico da cerveja Carlsberg. Ele esteve no Brasil em outubro de 2011 para o Fórum Permanente de Gestão do Conhecimento, Comunicação e Memória, na terceira edição do Seminário Internacional Como as histórias estão transformando os negócios. Esse fórum é resultado de parceria firmada em 2010 entre a Aberje, a ECA-USP, o Memória Votorantim e o Museu da Pessoa.

Relações públicas e a construção da história empresarial

de símbolos da paixão das pessoas que construíram esses objetos e da relevância social, histórica e cultural da organização.

Um ponto fundamental é o manuseio do conceito de autenticidade como algo verdadeiro, longe de imitações e que faz materialização de sonhos e fantasias baseada em valores históricos, propondo uma experiência mais genuína. Seria a memória como inspiração de produtos autênticos, entendendo que o que foi feito no passado é a expressão da identidade da empresa e auxilia na reencenação desse cenário. Isso colabora na articulação de valores culturais diferenciadores e reafirma os caminhos estratégicos a seguir.

Para esse consultor, os museus são manifestações tangíveis de criatividade da organização, que dão clareza às intenções de identidade e originalidade. Os museus também têm servido para embasar elaborações publicitárias, com narrativas que alimentam sonhos e estimulam uma ligação entre novos produtos e a cultura geral da marca. É a ideia do *brand culture*, que leva em conta os significados de produtos e marcas quando circulam na sociedade. Com essa visão, entregam-se experiências autênticas às pessoas, com os museus como locais de expressão especial da ligação entre os *stakeholders* e a marca. São lugares de rituais, como pontos sagrados onde os indivíduos ou grupos se encontram e consolidam suas preferências e visões de mundo. Os museus permitiriam uma transcendência da materialidade ou da funcionalidade do bem produzido e transacionado, instaurando outra aura e significado. Em relação a funcionários, também há bons efeitos de pertencimento e orgulho de trabalhar, porque dá voz e visibilidade às pessoas por detrás dos produtos. Ravasi aposta que nessa premissa as organizações estariam conquistando valor além dos requisitos técnicos, institucionalizando-se como relevantes nas comunidades. Conseguem, nesse conceito, equilibrar necessidades de inovação com a continuidade.

Worcman (2003, p. 26) também destaca como produtos da memória empresarial organizada os depoimentos de vida. Para esse autor, a importância de um depoimento de vida, no contexto de uma organização, está na

Relações públicas

compreensão de que uma empresa não é apenas resultado da ação de um grande líder. Uma empresa é uma reunião de pessoas que também fazem parte de outros grupos sociais. A partir dessa compreensão, definimos que a história de uma empresa é resultado da história e da contribuição de cada uma dessas pessoas – clientes, fornecedores e outros grupos de relacionamento. O desafio é transformar essa visão em prática efetiva.

A visão exposta por Worcman está imbuída de um humanismo que vê as ações de memória organizacional como práticas que fortalecem, no âmbito dos públicos, as suas ligações com a empresa ou instituição. Nesse contexto, se o modelo de gestão é determinante para a geração do que pode ser lembrado ou deve ser esquecido, é preciso considerar que uma organização voltada somente para a produtividade desqualifica e empobrece as experiências e vivências dos seus membros. Quanto a isso, Max Horkheimer e TheodorAdorno (1985, p. 46) consideram que

a limitação do pensamento à organização e à administração praticada pelos governantes, desde o astucioso Ulisses até os ingênuos diretores gerais, inclui também a limitação que acomete os grandes, tão logo não se trate apenas da manipulação dos pequenos. (...) Quanto mais complicada e mais refinada a aparelhagem social, econômica e científica, para cujo manejo o corpo já há muito foi ajustado pelo sistema de produção, tanto mais empobrecidas as vivências de que ele é capaz. (...) A impotência dos trabalhadores não é mero pretexto dos dominantes, mas a conseqüência lógica da sociedade industrial, na qual o fado antigo acabou por se transformar no esforço de a ele escapar.

Dentro das limitações que a lógica da produtividade impõe ao florescimento da memória, vista aqui como resgate de vivências, vale apresentar o que Habermas (1987, p. 179) entende por mundo da vida:

O mundo da vida é o lugar transcendental no qual falante e ouvinte se encontram; em que são colocadas, reciprocamente, a pretensão de que suas emissões concordam com o mundo (com o mundo objetivo, com o mundo subjetivo e com o mundo social); e em que podem criticar e exibir os fundamentos dessas pretensões de validade, resolver suas diferenças e chegar a um acordo.

Relações públicas e a construção da história empresarial

O mundo da vida pode ser entendido também como o mundo das relações públicas democráticas, espaço onde a comunicação organizacional valoriza e incorpora a opinião de seus públicos e da sociedade e onde a história pode resgatar vivências e o indivíduo organizacional como protagonista de sua vida, da organização, da comunidade e do país. Worcman (2004, p. 26) vê como um exemplo desse protagonismo o depoimento, cheio de emoção, do geólogo Breno Santos,[6] empregado da Companhia Vale do Rio Doce, que descobriu Carajás, uma das maiores minas de ferro do mundo:

> Quando o helicóptero começou a baixar, o piloto Aguiar falou: "Chefinho, olha o rotor da cauda para ver se não bate no arbusto". Era um arbusto chamado canela--de-ema. E, quando começou a baixar, eu vi aquele mundão de canga de minério de ferro e comecei a ficar entusiasmado. Me distraí e o rotor de cauda bateu num pequeno arbusto. Ele falou um sonoro palavrão e me deu uma bronca de eu não ter olhado... Daí um raciocínio simples: "Bom, será que as outras clareiras também são de minério de ferro?" Depois muitas pessoas me entrevistaram a respeito da descoberta: "O que você ganhou com a descoberta de Carajás?" Ganhei aquele momento. Não tem preço. Eu não sabia o que estava descobrindo, mas sentia que era algo muito grande. Aquele momento, você sozinho com o helicóptero no meio da selva, sem nada em volta, não tem preço nenhum.

3.5 Relações públicas e história empresarial no Brasil

É nas décadas de 1980 e 1990 que as relações públicas brasileiras começam a fazer o uso sistemático da história, no contexto da redemocratização do país, da reestruturação produtiva e da internacionalização de nossa economia. Essa foi a época dos movimentos de perfis

---

6. Essa fala de Breno Santos, geólogo descobridor de Carajás, faz parte de um depoimento de nove horas de duração para o Museu da Pessoa como parte do projeto Vale Memória, da Companhia Vale do Rio Doce. Iniciado em 1999, o projeto já registrou 136 depoimentos de história de vida. O projeto já resultou na publicação do livro *Vale memória*, com tiragem de 22 mil exemplares distribuídos a todos os funcionários da empresa.

146

Relações públicas

micro e macroeconômicos que levariam a mudanças no perfil autárquico do Estado, trazendo como um dos muitos resultados a privatização de empresas consideradas estratégicas para o desenvolvimento brasileiro, dos setores de telecomunicão, mineração e energia.

O texto introdutório do Plano de Comunicação Social da Rhodia, de 1985, explicita os novos agentes influenciadores do planejamento e da ação de relações públicas, afirmando que, em sua elaboração, a Gerência de Comunicação Social

> levou em consideração as características peculiares e os objetivos da empresa em face das transformações que se operam no país. (...) Todos passam a ser instrumentos políticos na prática de estratégias destinadas a permitir que a empresa participe, também, do processo de formação pública.

No seu planejamento de comunicação, passou a dirigir o olhar para o processo histórico desenvolvido fora das linhas de produção, como decorrência das constatações de que sua imagem perante a sociedade não é a imagem pretendida pela administração. Desse modo, o gestor das práticas de organização tradicionais não conseguia controlar o que estava fora de suas planilhas voltadas apenas à produtividade, como, por exemplo, as percepções dos públicos e dos mercados da empresa. A criação de valor para a empresa se dava em uma geografia que extrapolava seus muros e o querer de seus gestores. Os comunicadores da Rhodia constataram, por meio de pesquisas feitas na época, quais eram as percepções dos públicos construídas pelos marcos históricos da empresa:

> As pesquisas indicam que a imagem da Rhodia é positiva, mas difusa. A empresa tem um bonito rosto, mas poucos conseguem descrevê-lo com exatidão. Há até quem o associe somente ao velho lança-perfume, que deixou de ser fabricado há mais de vinte anos. Tal constatação preocupa porque a Rhodia é uma empresa com 65 anos de Brasil e atividades as mais diversas.

Foi também nos anos 1980 que o Citibank começou a dar visibilidade à sua história no Brasil, iniciada em 1915. Um dos fatores que o

Relações públicas e a construção da história empresarial

levaram a se abrir foi a percepção que se tinha dele como uma organização fechada para inúmeros públicos, entre os quais os jornalistas, que a viam como uma fonte inacessível. Rosana Grant, ex-assessora de imprensa do Citibank, afirma que o banco "viveu 75 anos de sua história no Brasil voltado para dentro de si. O contato com o mundo exterior só existia através das imagens bancárias e comerciais com fornecedores e clientes".

Em meados da década, com as mudanças políticas na sociedade brasileira, o posicionamento organizacional fechado, que não monitorava as transformações do ambiente onde se inseria a empresa e instituição, se transformava em um grande problema, mormente para as empresas estrangeiras, no que se referia, principalmente, às questões ligadas à sua identidade e ao compromisso com os públicos locais. Entre esses públicos destacam-se as autoridades, a imprensa, os consumidores e a comunidade. Um sintoma dessa demanda ligada à identidade organizacional era o rótulo depreciativo que o Citibank tinha perante a mídia e a grande parte da sociedade organizada brasileira: "algoz da dívida externa brasileira".

No setor privado, ocorreu, no final do século que passou, grande número de reestruturações de empresas. A KPMG, consultora norte-americana especializada nessa área, calcula que no Brasil, entre 1994 e 2001, houve 2.440 fusões e aquisições patrimoniais. Isso significou a entrada, em nosso país, de novas culturas empresariais em praticamente todos os setores da economia, alguns deles até então fortemente protegidos por legislação específica, como o segmento bancário. A partir de 1996, quando o Banco Central permitiu a vinda de novas organizações estrangeiras, chegaram aqui instituições como o inglês HSBC (que incorporou o Bamerindus), o holandês ABN Amro (que adquiriu o Real), os espanhóis Santander (vencedor do leilão do Banespa) e BBV (comprador do Excel-Econômico). Por sua vez, as principais instituições bancárias privadas nacionais – Bradesco, Itaú e Unibanco – ampliaram as suas operações comerciais comprando um número expressivo de bancos pequenos e médios, muitos deles propriedade de governos estaduais.

Relações públicas

Em 1998, as privatizações do sistema Telebras também ocasionaram a vinda de grupos empresariais de origem norte-americana (entre eles, a Bell South), espanhola (Telefónica e Iberdrola) e portuguesa (Telecom). No setor energético entraram no mercado brasileiro as americanas AES, Enron e Houston Power Industries, a francesa EDF – Eletricité de France, a espanhola Endesa e a EDP – Eletricidade de Portugal. No mesmo período, as mais importantes empresas do setor de alimentos também tiveram os seus controles acionários alterados, podendo-se destacar a compra da Cica e da Kibon pela anglo-holandesa Unilever e da Arisco e da Refinações de Milho Brasil (RMB) pela americana Bestfoods.

Milhões de brasileiros, nos seus papéis de cidadãos, trabalhadores e consumidores, perceberam que as identidades de empresas e instituições amplamente reconhecidas em nossa sociedade estavam mudando. Por entre as questões que isso suscitava, eles se perguntavam: mudavam para o quê?

No caso das fusões e aquisições, as reestruturações produtivas implementadas pelos novos controladores e acionistas poderiam levar, na maioria dos casos, ao aniquilamento de culturas e identidades organizacionais, como consequência do desaparecimento, por ação e pressão dos novos gestores, de inúmeros elementos fundamentais para a construção da imagem organizacional: pessoas, símbolos e marcas, rituais, filosofia, valores, crenças, produtos, serviços, tecnologias e conhecimentos e relacionamentos públicos consolidados ao longo da história das empresas.

O que aconteceria com as identidades, os valores, as missões, as tecnologias, os patrimônios e os acervos de organizações construídas ao longo do século XX e que representavam, além de seus produtos e serviços, esperanças de toda a sociedade brasileira? O que aconteceria com os acervos de empresas de transporte, telefonia, gás e energia elétrica, constituídos por itens como mapas, prédios, instalações históricas e equipamentos urbanos? O que aconteceria com o patrimônio de relacionamento entre empresas e comunidades, muitas delas extremamente dependentes dessas organizações sob o aspecto econômico? Entre as empresas privatizadas estavam a Companhia Vale do Rio Doce e a Embratel.

Relações públicas e a construção da história empresarial

Refletindo sobre essas questões, destacávamos então:

Outro importante conjunto de acervos históricos, que deve ser preservado e colocado à disposição da sociedade, é o das empresas recém-privatizadas: Comgás, Companhia Vale do Rio Doce, Telefónica e as inúmeras outras de energia elétrica e de telecomunicações que, com novos donos, possuem verdadeiros tesouros relacionados ao desenvolvimento das pessoas, das cidades, dos negócios e da comunicação empresarial (Nassar, 1999b, p. 36).

Resposta a esse tipo de preocupação foi, por exemplo, a criação da Fundação Patrimônio Histórico da Energia de São Paulo, na ocasião do processo de privatização do setor elétrico paulista, com a missão de preservar, divulgar e disponibilizar para consulta pública seu patrimônio histórico e cultural. No âmbito das grandes empresas estatais, mencione-se a Fundação Vale do Rio Doce, estabelecida com o objetivo de sistematizar suas ações institucionais.

A compreensão é que "as empresas estão mais contadoras de histórias e colecionadoras de memórias" (Nassar, 2007c, on-line), com o objetivo de marcar presença, se fazer notadas, em um mundo que deixou de gostar dos anúncios tradicionais, explícitos e interesseiros. Assim, a comunicação empresarial se torna uma incansável militante e defensora de causas. Entretanto, escolher o que narrar continua sendo um dos maiores desafios para educadores e comunicadores contemporâneos. Na atualidade, "narrar é um ato radicalmente político, já que as palavras e as imagens em fluxo são organizadoras ou desorganizadoras de cidades, comunidades, grupos, empresas e indivíduos" (Nassar, 2011b, on-line). As organizações têm disponíveis um "arsenal de narrativas que mostram as suas utilidades e alinhamentos sociais e outros elementos simbólicos fundamentais para a legitimação de suas ações nos âmbitos sociais, econômicos, ambientais e culturais" (Nassar, 2011c, on-line).

No campo da comunicação empresarial, as narrativas baseadas na memória de inúmeros públicos, em suas formas de histórias, depoimentos e relatos de vida, *storytelling*, nos suportes oral, escrito e audiovisual – como se verá em item subsequente deste capítulo –, é uma

Relações públicas

tentativa de responder ao desafio de narrar, avivando e destacando o que é humano no mundo produtivo.

3. 6 Protagonismo da Aberje nas questões da memória organizacional brasileira

A Aberje, Associação Brasileira de Comunicação Empresarial, preocupada com questões trazidas principalmente pelas reestruturações produtivas e patrimoniais brasileiras dos anos 1990, promoveu, em 23 de agosto de 1999, o I Encontro Internacional de Museus Empresariais. Essa iniciativa pioneira reuniu em São Paulo representantes das empresas Telefónica, Vale do Rio Doce, Brasmotor, Odebrecht, Chocolates Garoto, Asea Brown Boveri, além das instituições Memória e Identidade, Museu da Pessoa e Fundação Patrimônio Histórico da Energia de São Paulo. O evento teve também a participação dos clubes esportivos Barcelona (Espanha), São Paulo, Santos e Flamengo, que relataram sua experiência na preservação de suas histórias. Thom Gillespie, diretor do Instituto de Mídias Interativas da Universidade de Indiana (Estados Unidos), fez uma palestra sobre a preservação da história no ambiente das novas tecnologias.

Em agosto de 2000, a Aberje trouxe da Inglaterra, como palestrante do II Encontro de Museus Empresariais, o historiador e sociólogo Paul Thompson, professor e pesquisador da Universidade de Essex, diretor do Arquivo Nacional de Histórias de Vida da Biblioteca Britânica, consultor da BBC de Londres e autor de mais de vinte livros sobre história oral, com destaque para o clássico *A voz do passado* e *City lives*, um trabalho sobre o mercado financeiro inglês. Em entrevista concedida a David Cohen (2000, p. 14-16), da revista *Exame*, em 31 de agosto de 2000, Thompson afirmou que,

quando uma companhia ouve seus funcionários e clientes, tem de ser corajosa o suficiente para encarar as respostas. Geralmente as histórias que as empresas contam de si mesmas são muito brandas e glorificadoras. A história oral pode acrescentar mais visões.

151

Relações públicas e a construção da história empresarial

Ainda no ano 2000, a Aberje, para fortalecer a utilização da história no âmbito da comunicação organizacional, criou a categoria Memória Empresarial em seu tradicional prêmio. O vencedor da etapa Brasil dessa nova categoria foi a General Motors, com o trabalho *GM faz história: exposição do acervo histórico.*

O trabalho pioneiro da Aberje foi reafirmado com a realização do III Encontro de Memória Empresarial, em 29 de outubro de 2001. Nele, reuniu as experiências de entidades como Itaú Cultural, Instituto Moreira Salles, Santander Cultural, Centro Cultural Banco do Brasil, Instituto Pão de Açúcar, CTBC Telecom, Mineração Rio do Norte e Companhia Vale do Rio Doce. Nesse evento também se contemplou a história de produtos, com os exemplos das marcas Havaianas e Cônsul.

Retomando a linha histórica, que contempla as ações da Aberje nos campos da história e da comunicação organizacional, em 5 de maio de 2003, a entidade promoveu, em São Paulo, o IV Encontro Aberje de Memória Empresarial. Participaram dele empresas e instituições como Ultragaz, CBMM, Belgo, Pfizer, Souza Cruz, Petrobras, Museu da Pessoa, Memória e Identidade, Sindicato dos Trabalhadores do ABC, Memória da Eletricidade e BNDES. Entre os temas discutidos na oportunidade estavam as relações da história empresarial e da comunicação organizacional com as responsabilidades corporativas e as celebrações (naquele ano a Souza Cruz completava o seu primeiro centenário e a Pfizer e o BNDES, o seu primeiro cinquentenário).

Assim, desde 1999, a Aberje tomou para si o papel político e simbólico de demonstrar a importância da comunicação organizacional na defesa, na manutenção e no reforço da identidade brasileira, além da responsabilidade (histórica) que os relações-públicas e comunicadores organizacionais têm nesse processo.

Um dia é preciso contar a história das organizações, mas, antes disso, é necessário conhecê-la e, mais do que isso, entendê-la, para extrair conhecimento, sabedoria e visão relacional e comunicacional estratégica do rico material que elas oferecem. Existe inteligência e técnica para tanto. Basta apenas que se tenha disposição e de-

152

Relações públicas

terminação para restabelecer a substância dos pilares históricos da empresa ou da instituição, resgatar sua história, ressaltar as soluções encontradas diante dos tantos obstáculos que surgem ao longo do caminho, desenhar um mapa de DNA, identificar as características particulares do organismo e preparar-se adequadamente para o futuro. Karen Worcman (2001, p. 15), do Museu da Pessoa, já por diversas vezes citada ao longo deste livro, destaca esse viés estratégico do trabalho com a história organizacional:

> A história não deve ser pensada apenas como resgate do passado, mas, sim, utilizada como marco referencial a partir do qual as pessoas redescobrem valores e experiências, reforçam vínculos presentes, criam empatia com a trajetória da empresa e podem refletir sobre as expectativas dos planos futuros.

A exacerbação dos dispositivos tecnológicos e uma certa padronização dos produtos e serviços, no ambiente competitivo, forçam as empresas a buscar diferenciais em um mercado cada dia mais igual. O conhecimento da história pode dar pistas, inspirar, apontar caminhos. A sua história traduz a cultura e a identidade da organização, para dentro e para fora dos muros que a cercam. É ela que constrói, a cada dia, a percepção que o consumidor e seus funcionários têm das marcas, dos produtos, dos serviços. O consumidor e o funcionário têm na cabeça uma imagem, que é histórica. Uma imagem viva, dinâmica, mutável, ajustável, que sofre interferências de toda natureza. A imagem, somada à reputação, é determinante para o cidadão, nas inúmeras situações em que se relaciona com a empresa, e, para o empregado, na hora de se aliar à causa da empresa. Por isso, todo o cuidado é pouco e toda a atenção é necessária.

Recuperar, organizar, dar a conhecer a memória da empresa não é juntar em álbuns velhas fotografias amareladas ou papéis envelhecidos. É usá-la a favor do futuro da organização e de seus objetivos presentes. É tratar de um dos seus maiores patrimônios dentro de estratégias e ações que envolvam o pensamento de relações públicas e de comunicação organizacional.

Relações públicas e a construção da história empresarial

3.7 A emergência do *storytelling* nas organizações

A narrativa organizacional como expressão da gestão tradicional esgotou-se na contemporaneidade como discurso único, voltado para o aumento da produtividade e da competitividade. A comunicação organizacional tem primado pela objetividade e pelas mensagens de perfil quantitativo, notadamente ligada a funcionários, não havendo tempo para dialogar, fantasiar e para contar histórias. Isso é um paradoxo diante da constatação de que a subjetividade organizacional viabiliza a formação de uma cultura do sonho, da participação e da inovação, que são vitais para o atendimento de demandas sociais intangíveis e de legitimidade. Quanto às dimensões intangíveis, estamos nos referindo à reputação, à credibilidade, à confiança, que determinam a qualidade dos relacionamentos entre a organização, seus públicos e sociedade. As narrativas, formatadas sobre personagens, heróis, mitos, ritos, têm o objetivo de estabelecer referências simbólicas organizacionais perenes diante das redes de relacionamento e para a sociedade, e criar uma visão transcendente da organização, de seus feitos e de seus integrantes.

A verdadeira narrativa teria nela uma experiência de vida que legitima por meio de um discurso humanizado com elementos simbólicos como mitos, ritos, rituais e heróis organizacionais. Como se diz (Nassar 2009a, p. 302),

as percepções possibilitadas pelo uso das histórias de vida nos inúmeros discursos organizacionais valorizam, pela ótica das administrações, o ponto de vista da empresa ou instituição como lugar afetivo, sensorial, cordial, mítico, fértil para associações simbólicas com os seus públicos ou sociedade.

É preciso reconhecer, todavia, que a investigação sobre histórias em organizações, desdobrada em narrativas, histórias, relatos, contos, mitos, fantasias e sagas, é um tema ainda novo.

Diz Núñez (2009, p.50) que "a globalização, a virtualidade e a aceleração empobreceram a tal ponto as fontes clássicas de materiais narrativos que precisamos procurar outras para ter narrativas ricas no sentido vital".

154

Relações públicas

Em tempos de atenção difusa por conta da sobrecarga informativa, há uma concorrência poderosa nos vários dispositivos midiáticos. Afinal,

> nossa oralidade não possui mais o mesmo regime dos nossos antepassados. Viviam eles no grande silêncio milenar, em que a voz ressoava como sobre uma matéria: o mundo visível em sua volta repetia-lhes o eco. Estamos submersos em ruídos que não podemos colher, a nossa voz tem dificuldades em conquistar seu espaço acústico (Zumthor, 1997, p.28).

Entre os rompantes da pós-modernidade, como a fragmentação, a simultaneidade e o paradoxo da virtualidade (condição de estar em todos os lugares e não estar em parte alguma), é preciso pensar que as mensagens circulantes passam a ter outro sentido pelo simples fato de não se ter mais tempo de assimilá-las dentro de cada um e de sentir sua ressonância. Isso resulta, como analisou Baudrillard (1991, p.199), num estado de melancolia diante do desaparecimento do sentido.

Barbosa (1988, p. xiii), falando num resgate do encantamento diante da excessiva presentificação do mundo e dos critérios basicamente tecnológicos e racionais, aposta numa interpenetração da emoção e da ciência, da paixão e da inteligência, do sonho e da prática. Pois é nesse panorama que Busatto (2006, p.12) vê a contação de histórias como um instrumento

> capaz de servir de ponte para ligar as diferentes dimensões e conspirar para a recuperação dos significados, que tornam as pessoas mais humanas, íntegras, solidárias, tolerantes, dotadas de compaixão e capazes de 'estar com'.

Lynn Smith (apud Salmon, 2008, p.10) situa no final da década de 1960 a propagação do pensamento narrativo como contraponto do pensamento lógico para compreender questões diversas como jurisprudência, geografia, economia e história. Estudos de Salmon (2008) também trazem indicativos do percurso do *storytelling* e ao que denominou *revival storyteller* nos Estados Unidos – narrativas pertencendo às grandes categorias de conhecimento das quais o homem se serve para

Relações públicas e a construção da história empresarial

compreender e ordenar o mundo. Era uma retomada, no mundo dos negócios, de uma arte até então relegada às crianças ou à análise literária. O "retorno das narrativas" ia invadindo França, Espanha, Alemanha e Canadá, após uma estreia na Inglaterra – justamente a primeira sociedade a industrializar-se e a distanciar-se do mundo tradicional. Matos (2010, p. 9-12) faz um apanhado histórico amplo sobre *storytelling*, no qual aponta o aparecimento do tema diante dos negócios em meados dos anos 1990 no Estados Unidos. Ela situa, como impulso ao estudo e à aplicação desse formato narrativo na mesma época, a importância da adesão e da divulgação feita pelo executivo do Banco Mundial, Stephen Denning, diante de suas preocupações com a sobrecarga informativa e a dificuldade em atingir públicos de interlocução. A partir de 2001, o sucesso do novo recurso de expressão e gestão chega a empresas como Disney, Coca-Cola e Adobe. Cerca de cinco anos depois, é a vez da Nasa, Nike e Verizon adotarem a abordagem. Em geral, a crença é na ascensão da *knowing firm*, ou seja, a empresa cognitiva não apenas centrada na produção de mercadorias, mas sobremaneira focada no compartilhamento de conhecimentos e na gestão das emoções.

Para Machado, as histórias

> são guardiãs de uma sabedoria intocada, que atravessa gerações e culturas; partindo de uma questão, necessidade, conflito ou busca, desenrolam trajetos de personagens exemplares, ultrapassando obstáculos e provas, enfrentando o medo, o risco, o fracasso, encontrando o amor, o humor, a morte, para se transformarem ao final em seres outros, diferentes e melhores do que no início (Machado, 2004, p.15).

E a estudiosa complementa que, nesses relatos, há um esforço para os valores humanos fundamentais, como dignidade, beleza, amor e a possibilidade simbólica do ser soberano sobre a própria vida. Quando se ouve uma história, há uma experiência singular em cada um, uma construção imaginativa que se organiza fora do tempo da história cotidiana. É uma mistura do passado mítico com o presente da pessoa, numa conversa de forma objetiva da narrativa com as ressonâncias subjetivas despertadas nos interlocutores. As imagens de uma narrativa

Relações públicas

"acordam, revelam, alimentam, instigam o universo de imagens internas que, ao longo de sua história, dão forma e sentido às experiências de uma pessoa no mundo" (Machado, 2004, p. 24). A credibilidade de uma história é resultado de uma experiência legitimamente vivida, que transmita valores, esperanças, intenções, aprendizagens, escolhas.

Para Terra ((s.d.), on-line), a humanidade vem contando histórias de forma ininterrupta desde que adquiriu a fala ou mesmo antes disso, desde que aprendeu a gesticular e se comunicar. De fato, muitos antropólogos dizem que a capacidade de contar histórias separou o homem de outros primatas ao longo da evolução. Barthes colabora com um conceito bastante preciso e simples, ao dizer que

> a narrativa está presente em todos os lugares, em todas as sociedades; não há, em parte alguma, povo algum sem narrativa; todas as classes, todos os grupos humanos têm suas narrativas, e frequentemente estas narrativas são apreciadas por homens de cultura diferente (...) a narrativa está aí, com a vida (Barthes, 1971, p.20).

Storytelling é, então, "o ato de contar histórias de forma deliberada e sistemática como forma de transferir conhecimentos, cultura e valores. E também inspirar, gerar coesão social e conectividade emotiva entre os indivíduos" (Terra, (s.d.), on-line). Gabriel (2000, p. 239, tradução nossa) conceitua histórias como tipos especiais de narrativas:

> Histórias são narrativas com uma trama e personagens, que geram emoção no narrador e para a audiência por meio de uma elaboração poética de material simbólico. Este material pode ser produto de fantasia ou experiência, incluindo experiências de narrativas anteriores. A trama de uma história implica conflitos, situações de dificuldades, coincidências e crises que demandam escolhas, decisões, ações e interação cujos resultados de fato estão geralmente em desacordo com as intenções e propósitos dos personagens.

Putnam (2009, p. 53), com base em Yannis Gabriel, aponta que histórias e narrativas são "cadeias atemporais de eventos interrelacionados, caracterizados por enredos complexos, personagens dinâmicas

Relações públicas e a construção da história empresarial

e emoções intensas". Ela complementa afirmando que essas narrativas mostram valores e legitimam mudanças, sendo que histórias servem, portanto, para uma imensa variedade de funções organizacionais, incluindo identificação de subculturas, afirmação de relacionamentos de poder e adaptação a mudanças.

As histórias no ambiente de negócios têm essa potência de

> comunicar a um público específico exatamente o que precisamos, em uma linguagem que todos entendam (...) cuja mensagem traduzida é individualmente apropriada na medida certa, a partir de sua experiência, seu ouvido pessoal e único. (Flecha, 2010, p. 1)

O *storytelling* vem justamente favorecer a empatia. Os interagentes, com essa sintonia estabelecida pelo formato da narrativa, tendem a uma disponibilidade de atenção mais intensa e duradoura. A reciprocidade acaba favorecida, com um interesse comum de crenças e temas que traz uma identificação entre os polos e insinua maior intimidade e uma relação simétrica que dá ideia de igualdade comunicativa, com supressão de hierarquias. Mais ainda, a proposta do *storytelling* é que os envolvidos liberem sua capacidade de criar e de reinventar o mundo, de ter fantasias aceitas e exercitadas, para que possam explorar seus limites (Pereira; Veiga; Raposo; Fuks; Dadvid; Filippo, 2009, p. 101). Há uma sensação efetiva de complementaridade, portanto, em ausência de dominação ou submissão.

Já Cogo (2010, on-line) faz um alinhamento do tema com narrativas da experiência, afastando-se das inter-relações ficcionais, e apresenta motivos para entender *storytelling* como uma

> lógica de estruturação de pensamento e formato de organização e difusão de narrativa, por suportes impresso, audiovisual ou presencial, baseados nas experiências de vida próprias ou absorvidas de um interagente, derivando relatos envolventes e memoráveis.

Esse pesquisador postula tratar-se de uma proposição de complexidade que parece passar despercebida num cotidiano profissional de co-

Relações públicas

municadores organizacionais e relações públicas ainda absortos no atendimento pontual e sequencial de demandas de setores, o que dificultaria a reflexão sobre a extensão dos atos retóricos em ambiente de trabalho. Com pessoas alterando de maneira significativa o foco de suas atribuições de confiabilidade, suprimindo ou atenuando a pretensa influência das grandes corporações, dos governos, das igrejas ou da mídia *broadcast*, cria-se uma outra ordem de parâmetros para conformar a reputação. Para ele, entre os desafios da comunicação nas e das organizações, cresceria a importância da conquista da atenção dos interlocutores, para, só então, buscar a transformação da informação em conhecimento, a mobilização para agir ou mudar e, ainda, a recomendação, ou mesmo defesa, do negócio, seus produtos, serviços e pontos de vista (Cogo, 2010, on-line). Nesse raciocínio estaria o contexto do *storytelling*.

Núñez (2009, p. 23-24) é claro: a complexidade de um *storytelling* bem delineado está em entender a sintonia fina de sua criação – não é uma história infantil ou brincadeira, não é uma invenção completa, não é uma reprodução de lendas. Uma história é um recurso de comunicação estruturado em uma sequência de acontecimentos que apelam aos sentidos e às emoções. Para ele, "a carga emocional das histórias prende nossa atenção com mais eficiência do que a simples informação, fazendo com que captemos o sentido dos acontecimentos de maneira mais rápida e mais profunda" (Núñez, 2009, p. 25). Isso porque contêm um teor altamente pedagógico, favorecendo a síntese e, portanto, a lembrança posterior, com características de ser lúdica, sensorial e emocional.

Somos todos contadores e consumidores de histórias. Esse é um dos caminhos que os seres humanos construíram naturalmente para sobreviver em comunidade. As narrativas são eficientes meios de interação, pois comunicam, fornecem e transmitem informações (Domingos, 2008a, on-line). Para esse mesmo pesquisador,

> o mundo atual está sendo marcado pelo pluralismo das invenções, pela multiplicidade de microrrelatos de vida, ou *storytelling*, que interatuam de modo agitado na formulação antropológica-filosófica do individualismo moderno (Domingos, 2008b, on-line).

Denning (2002, on-line) vê uma série de razões pelas quais as histórias podem ser muito eficazes nas organizações. Entre elas, cita que contar histórias é natural porque a capacidade narrativa é praticamente inata e não raro considerada uma experiência revigorante, "convidando o ouvinte a visualizar um mundo diferente e, na imaginação, agregar valor à atividade – em que a imaginação compartilhada do contador e do ouvinte cria um espaço comum" (Denning, 2002, on-line, tradução nossa). Pelas histórias, seria possível estudar políticas organizacionais, cultura e mudanças e como elas são comentadas pelos membros. Não raro, elas agregam e disseminam uma sabedoria milenar com conteúdo de alto poder transformador. Com isso, os valores da organização vivem nas histórias que são contadas, revividas e relembradas a cada momento.

É importante ressaltar que, "apesar de as lembranças boas geradas pela história das instituições, as memórias social e individual são alimentadas pelo presente e passam obrigatoriamente pelo afeto: só se conserva aquilo que se gosta" (Nassar, 2009b, on-line). O afeto é condição fundamental para cuidar, preservar, selecionar fatos, pessoas e lugares na história e, assim, não deixar que se transformem em ruína.

O projeto Memórias Ecanas, resultado dos trabalhos acadêmicos realizados desde 2006 pelos alunos do 6º semestre de Relações Públicas da ECA-USP, para a disciplina Produção Audiovisual ministrada por mim, é um bom exemplo de *storytelling* ativando a comunicação institucional de uma instituição universitária. O projeto é uma ação de comunicação que conta com a gravação e a edição de testemunhos que apresentam diversas memórias de quem fez e faz parte da história da Escola: professores, alunos, ex-alunos e funcionários dão depoimentos de vida, narrando suas lembranças em relação à ECA. Conforme assinalado por mim, Souza e Ribeiro (2010, p. 334), o projeto

> tem como objetivo principal, a partir da colaboração de inúmeras gerações de ecanos, resgatar um tesouro onde estão os marcos e protagonistas fundadores, ritos e rituais e mitos de uma Escola que é, no Brasil, pioneira e matriz do campo dos estudos relacionados à Comunicação e às Artes.

Relações públicas

Os vídeos resultantes[7] denotam a importância desses registros, demonstrando a transformação da memória em história, revelando significados, afetos, empatias e valores. Esse tipo de ação comunicacional acaba por registrar a memória viva, as emoções, as paixões, o olhar, a perspectiva peculiar e os sentimentos dos indivíduos que possuem uma ligação muito grande e afetiva com a instituição, transmitindo uma identidade extremamente positiva, uma vez que a pessoa não apenas fala bem, como discursa de forma transparente e verdadeira, já que a evidência oral "contribui para uma história que não só é mais rica, mais viva e mais comovente, mas também mais verdadeira" (Thompson, 1992, p. 137).

A ECA, então, passa a ser conhecida pelo que os entrevistados dizem sobre ela, fazendo reviver seus valores, gerar um contínuo desenvolvimento de sua identidade corporativa e promover a sua imagem institucional, ganhando pontos positivos na mente de seus públicos de interesse.

---

7. Os vídeos-memória do Projeto Memórias Ecanas podem ser acessados em canal específico no site Youtube - http://www.youtube.com/user/memoriasecanas.

*O Vale Memória foi criado para perpetuar os fatos vividos
pelas pessoas que trabalharam e trabalham na Vale.
No ano em que nossa empresa comemora 60 anos,
é especialmente importante que você se reconheça,
se identifique, faça dessas histórias a sua própria história
e se emocione com as vivências de pessoas que,
independentemente da época, do local e da função,
nesse momento parecem tão próximas, tão irmãs, tão Vale.*

Roger Agnelli
Empresário e ex-presidente da Vale

Capítulo 4

Memória e história empresarial no Brasil

Na década de 1990, as empresas brasileiras passaram por um forte movimento de reestruturação produtiva, que modificou seus controles acionários, seus modelos administrativos e seus relacionamentos com trabalhadores, comunidades, fornecedores, consumidores, entre outros públicos, além de transformar suas culturas e identidades, expressas em seus ideários, constituídos de suas missões, suas visões e seus valores.

Em meio a esse ambiente de mudanças, várias das grandes empresas nacionais e estrangeiras atuantes em nosso meio implementaram ações que envolveram processos e técnicas relacionadas à história empresarial, com inúmeros objetivos, entre os quais a celebração de aniversários e de feitos organizacionais.

4.1 História como marco referencial das organizações

Por sua importância e liderança nos segmentos onde atuam, destacamos aqui alguns *cases* que eram de nosso conhecimento. Constituindo

Memória e história empresarial no Brasil

uma amostra significativa do que já se faz nessa área, eles são indicadores das imbricações possíveis entre história empresarial, relações públicas e comunicação organizacional.

As empresas que pesquisamos nesse levantamento preliminar são concretamente as seguintes: Petrobras – Petróleo Brasileiro S.A.; Companhia Vale do Rio Doce; BNDES – Banco Nacional de Desenvolvimento Econômico e Social; Bunge; Laboratórios Pfizer Ltda.; Companhia Siderúrgica Belgo-Mineira; CBMM – Companhia Brasileira de Mineração e Metalurgia; Whirlpool Latin America; Organização Odebrecht; Corn Products Brasil Ingredientes Industriais Ltda.; Grupo Pão de Açúcar e Grupo Votorantim.

4.1.1 Memória dos Trabalhadores da Petrobras

A Petrobras criou, em 2002, o projeto Memória dos Trabalhadores da Petrobras, gerido por um conselho formado por representantes da empresa e do Sindicato Unificado de São Paulo. Para a gerente de Comunicação Interna da Petrobras, Simone Porto Loureiro (2004, p. 63 e 69), trata-se de um "projeto inovador, por estar bem alinhado com o ambiente histórico-social brasileiro e pelo fato de duas organizações trabalharem em um objetivo comum, preservando suas diferenças essenciais". Outro conceito orientador do projeto, inicialmente alocado na área de Recursos Humanos e posteriormente transferido para a área de Comunicação Institucional, é sua inserção num processo de valorização do empregado e de sua integração na empresa. Ele foi desenvolvido pelo Museu da Pessoa, instituição especializada em projetos de memória empresarial, em sintonia com os objetivos da área de Comunicação e de Relações Públicas da Petrobras, adotando-se a metodologia baseada na história oral. Como resultado de uma pesquisa ampla aplicada em escritórios e unidades industriais da empresa e em sindicatos, produziu-se, com base em duzentas entrevistas, um almanaque com cinquenta depoimentos de trabalhadores. Também foi implantado um museu virtual, que pode

166

Relações públicas

ser acessado por toda a sociedade. Os produtos do projeto fizeram parte, em 2004, da celebração do cinquentenário da empresa, que tem uma relação extremamente forte com a história do Brasil, por seu protagonismo na busca da autossuficiência do país na extração e no beneficiamento do petróleo.

4.1.2 Vale Memória

A Companhia Vale do Rio Doce desenvolveu, entre os anos 2000 e 2002, o projeto Vale Memória. Sua relevância está na intenção de promover uma ligação entre os períodos estatal e privado da empresa, pois, como é sabido, o processo de sua privatização foi amplamente questionado por segmentos da sociedade brasileira e, internamente, também gerou fissuras entre os empregados. Para a produção do projeto, o departamento de Comunicação Institucional valeu-se do Museu da Pessoa. Coletaram-se 132 depoimentos, realizaram-se três encontros de memória e montaram-se três cabines de gravação temáticas em Carajás (PA), Itabira (MG) e Vitória (ES). As ações produziram, ao final, 192 entrevistas e a coleta de centenas de fotografias e documentos fundamentais para a compreensão da história da empresa. O material deu origem ao livro *Histórias da Vale*, a uma videoteca e a um banco de dados disponível por intranet, além de se ter constituído em base do Museu Virtual da Vale. Por ocasião da implantação do projeto, o presidente da empresa, Roger Agnelli (2002) expôs, em carta aos empregados, um conteúdo que denota claramente o objetivo de reforçar neles o sentimento de pertencer à organização, bem como os liames entre o passado e o presente desta. "O Vale Memória foi criado para perpetuar os fatos vividos pelas pessoas que trabalharam e trabalham na Vale", escreveu ele, acentuando:

É importante que você se reconheça, se identifique, faça dessas histórias a sua própria história e se emocione com as vivências de pessoas que, independentemente da época, do local e da função, nesse momento parecem tão próximas, tão irmãs, tão Vale (grifo do autor).

167

4.1.3 BNDES das Pessoas

O Banco Nacional de Desenvolvimento Econômico e Social, em 2002, celebrou o seu primeiro cinquentenário com ações de resgate de sua história, objetivando difundir, perante os públicos de interesse e à sociedade brasileira como um todo, suas fortes ligações com a história do Brasil, a partir dos anos 1950. Na ocasião, sua área de comunicação, em conjunto com o Museu da Pessoa, desenvolveu o projeto BNDES das Pessoas, sustentado por 91 histórias de vida, gravadas em vídeo e disponibilizados em meio eletrônico (Centro de Memória Virtual) e videoteca, além de se terem coletado quase 2,5 mil fotos e documentos. Trata-se de um projeto que busca claramente "realçar a compatibilidade da instituição com os esforços de desenvolvimento da sociedade brasileira", conforme preconizava Tereza Halliday (1987, p. 39-40).

4.1.4 Centro de Memória Bunge

O Centro de Memória Bunge iniciou suas atividades em 1994 com o objetivo de trabalhar a história centenária das empresas do grupo no país e disponibilizá-la para a sociedade brasileira. Esse propósito está expresso em depoimento da historiadora Daniele Juaçaba (apud COSTA, 2006, p. 50), responsável pelo centro:

> A história da empresa é a história do país. Não dá para separar. É obrigação de toda empresa contar a história dela, porque não está só contando a história dela, mas de todo o país, das pessoas que trabalharam nela, da história da industrialização.

O grupo empresarial Bunge, com unidades industriais na América do Norte e na América do Sul, na Austrália, Índia e Europa, atua no Brasil desde 1905, operando aqui duas subsidiárias integrais, a Bunge Alimentos e a Bunge Fertilizantes.

> Sua atuação no país confunde-se em parte com a própria história da alimentação no Brasil. Algumas de suas marcas de produtos estão à mesa da dona de casa

Relações públicas

brasileira há muito tempo. Um bom exemplo é a marca Salada, um óleo vegetal de algodão, que, lançado em 1929, revolucionou os hábitos alimentares dos brasileiros, até então acostumados a consumir banha de porco ou azeite de oliva (COSTA, 2006, p. 46).

4.1.5 Pfizer – "Nossa história, nosso orgulho"

A Pfizer, um dos maiores laboratórios farmacêuticos do mundo, comemorou, em 2002, cinquenta anos de atuação no Brasil. Na ocasião, ela voltou sua atenção para o público interno, procurando demonstrar a contribuição dos colaboradores para o sucesso da empresa e de seus produtos. As campanhas trabalhavam basicamente as seguintes mensagens: "50 anos – Trabalhando pela vida"; "50 anos – Mais um motivo para comemorar"; e "50 anos – Nossa história, nosso orgulho". Sandra Castellano (2004, p. 46) confirma o objetivo de integração dos empregados presentes nessa celebração:

A divulgação interna dos 50 anos foi um dos pontos altos do projeto. Era uma oportunidade ímpar para motivar os funcionários, fazendo-os sentir a importância de cada um na construção do sucesso da empresa e fortalecer o orgulho de ser Pfizer.

4.1.6 Memória Empresarial da Belgo-Mineira

A preservação e o fortalecimento da identidade organizacional foi o objetivo que a Companhia Siderúrgica Belgo-Mineira, importante empresa do complexo siderúrgico de Minas Gerais e do Brasil, integrante do Grupo Arcelor, teve em mente ao procurar resgatar, a partir de 2000, sua memória empresarial. Segundo Leonardo Gloor (2004), o desenvolvimento do projeto girou em torno dos seguintes eixos de conteúdos: 1) a ligação da história da Belgo com a história urbana e industrial do Brasil, como única usina, até a construção da Companhia Siderúrgica Nacional (CSN), a fabricar produtos de aço para a

Memória e história empresarial no Brasil

indústria e o setor de construção civil brasileira, além da participação dos produtos da empresa na construção de Brasília; 2) sua importância econômica, tecnológica e social no conjunto da produção siderúrgica brasileira – a Belgo se sobressai no campo da trefilaria como única produtora de fios e arames para concreto protendido, sendo a principal fabricante de *steel-cord* (cordonéis de arame para pneus radiais). Para a construção de sua memória, procedeu-se a um resgate de documentos na sede administrativa e no arquivo central, selecionando-se aqueles que tinham um valor histórico. Outra medida foi a produção de entrevistas, usando-se a metodologia da história oral, com um grupo de trinta pessoas relevantes para a história da empresa.

4.1.7 CBMM – História das profissões em extinção

Dentro da ideia de Peter Burke (1992) de que "tudo tem uma história, tudo tem um passado", a Companhia Brasileira de Mineração e Metalurgia (CBMM) desenvolve, desde 1966, o projeto História das Profissões em Extinção, promovido pela Confederação Nacional dos Metalúrgicos (CNM-CUT). Ele enfoca um conjunto de profissões ou funções extintas ou ameaçadas de extinção, como as relatadas por J. D. Vidal (2004, p. 100-103): o rolador de motores, o ferramenteiro, o ajustador mecânico e o almoxarife, o inspetor de qualidade, o apontador de produção, o tipógrafo, o calandrista, o telegrafista, o perfurador de cartões, o amolador de facas. Para o autor, esse tipo de projeto fortalece a responsabilidade histórica das empresas e ajuda a "despertar a sociedade para o processo de reciclagem profissional em nosso país".

4.1.8 Centro de Documentação e Memória Whirlpool Latin America

Um exemplo referencial para quem trabalha com memória empresarial é o Centro de Documentação e Memória (CDM), da Whirlpool

Relações públicas

Latin America, empresa proprietária das marcas Brastemp, Cônsul e KitchenAid. Criado em 1995, por iniciativa de Rodolfo Witzig Guttilla, e operacionalizado pela Memória & Identidade, dirigida pela historiadora Elizabeth Totini, o CDM nasceu no âmbito das comemorações dos cinquenta anos do Grupo Brasmotor, hoje extinto e que originou a Whirlpool. Ele é coordenado pela área de Comunicação Institucional da Whirlpool Latin America, tendo como objetivo servir de apoio à comunicação, às relações públicas, ao marketing e aos recursos humanos da empresa. Constituem-no acervos documentais, museológicos e fotográficos, além de depoimentos sobre fatos importantes da história dos eletrodomésticos brasileiros. É aberto para consulta por parte da comunidade, de empresas, empregados, estudantes e pesquisadores, entre outros públicos – numa média de 100 atendimentos/mês.

> O projeto também contempla um rico acervo museológico, onde se encontram as linhas de geladeiras da Brastemp batizadas com o nome do imaginário das donas de casa brasileiras da década de 1950: Conquistador, Príncipe e Imperador (Nassar, 2003, p. 54).

4.1.9 Núcleo de Cultura Odebrecht

O Núcleo da Cultura Odebrecht, fundado em 1984, com sede em Salvador (BA), foi o primeiro centro de memória empresarial criado no Brasil. Ele tem como objetivo criar uma ligação entre os diferentes períodos históricos, além de assinalar simbolicamente a comunicação entre as gerações que construíram a Odebrecht. Em modernas instalações, construídas especialmente para os objetivos ligados à gestão de sua história, os visitantes, constituídos por colaboradores, clientes e estudantes, entre outros públicos, fazem uma viagem pelos marcos históricos da organização e de seus principais protagonistas. Esses marcos estão disponíveis principalmente na forma de apresentações multimidiáticas, documentos e fotografias, com conteúdos que revelam os ambientes passados e presentes nos quais a empresa se insere. O Núcleo de Cultura Odebrecht está sob a coor-

171

Memória e história empresarial no Brasil

denação de Márcio Polidoro, diretor de Comunicação da Odebrecht S.A. empresa líder do grupo.

4.1.10 Centro de Documentação de Memória Corn Products

O momento de celebração como impulsionador dos programas de memória empresarial, dentro de estratégias de relações públicas e de comunicação organizacional, tem mais uma comprovação no Centro de Documentação e Memória da Corn Products Brasil Ingredientes Industriais Ltda. Quando, em 2005, a empresa completou 75 anos no Brasil, pela antiga Refinações de Milho Brasil, detentora da centenária marca Maizena, ela realizou um trabalho de resgate de documentos, objetos e fotografias de sua história, com o objetivo de embasar as ações de comunicação então levadas a efeito. O CDM da Corn Products "tem a maior utilidade como instrumento de preservação da cultura da empresa, valorização dos funcionários e apoio a eventos, datas comemorativas e informações institucionais", segundo Celeste Toledo (2004, p. 46), que, abordando a memória empresarial como ferramenta de comunicação, em sua monografia de conclusão do curso de Gestão Estratégica em Comunicação Organizacional e Relações Públicas, fez um estudo de caso da Corn Products Brasil.

4.1.11 Grupo Pão de Açúcar – Espaço Memória

Um último exemplo que queremos referenciar aqui, das possibilidades de relacionamento público que um projeto de história empresarial pode fortalecer, é o Espaço Memória, do Pão de Açúcar, maior grupo de varejo do país. Este guarda em sua sede na cidade de São Paulo um importante acervo ligado ao setor. Cristiane Ledesma (2006, p. 57), ao discorrer sobre a memória empresarial como ferramenta de comunicação, a exemplo do que fizera Celeste Toledo com a Corn Products, estudou o caso do Pão de Açúcar. A autora chama

Relações públicas

a atenção sobre a interação que esse grupo promove com o mercado ao "resgatar, manter e dar acesso a trajetórias que se cruzam através dos anos". Ressalta ela que

> esse lado institucional é normalmente administrado pela comunicação, que busca, nos acontecimentos da história empresarial, dados que contribuem para reforçar a imagem da empresa como participante da comunidade.

4.1.12 Memória Votorantim

O Grupo Votorantim organiza a sua história empresarial desde 2003, por meio do Projeto Memória Votorantim, que tem como objetivo pesquisar, coletar, conservar, documentar, organizar e divulgar para os colaboradores do grupo empresarial, e para a sociedade brasileira, um acervo histórico centenário nos formatos textual, fotográfico, digital, audiovisual, tridimensional e arquitetônico. Em seus dois primeiros anos de atividade, o projeto já produziu mais de duzentas horas de gravações com funcionários aposentados e colaboradores de unidades do grupo em cerca de 240 municípios brasileiros. Para tanto, ele

> procura valorizar os protagonistas dessa história empresarial, fortalecer a identidade do grupo e seu papel no desenvolvimento do país, disseminar os valores da Votorantim, garantir o uso da memória como fonte do conhecimento para as novas gerações e estimular a participação efetiva das comunidades.[1]

Pesquisa da Aberje, realizada no início de 2011 entre os seus associados – todos integrantes do grupo das 1.000 maiores empresas que atuam no Brasil, mostrou que apenas 5% têm projetos culturais de médio ou

---

1. Cf. "Memória Votorantim" – documento anexado à ficha de inscrição no Prêmio Aberje 2006, na categoria Memória e Responsabilidade Histórica.

Memória e história empresarial no Brasil

longo prazos.[2] Dentre essas empresas que organicamente estão ligadas às demandas culturais dos brasileiros, destaca-se um número ínfimo de 15 empresas. Dessas, 11 são de origem nacional e quatro são empresas multinacionais. A maioria dessas empresas está em setores politicamente sensíveis ao controles do Estado e da sociedade, concebidos durante os processos de privatização dos anos 1990, tais como o de energia e telefonia. Dessas empresas, a sociedade exige uma responsabilidade histórica maior e um comprometimento com os destinos do país e de suas pessoas. Outro dado que mostra um alinhamento maior das empresas brasileiras com o país é que, coincidentemente, essas mesmas empresas condutoras de grandes projetos culturais, a maioria com mais de 50 anos de existência, conduzem também os grandes programas de memória e história empresarial realizados atualmente no Brasil. Muitos desses programas são abertos para a visitação e consulta da sociedade e da comunidade acadêmica; uma ação que reforça a percepção moderna da organização como parceira da sociedade e não como um elemento que explora irresponsavelmente os seus recursos naturais e culturais.

4.2 As empresas brasileiras zelam por sua memória?

O conjunto e a força dos exemplos citados despertou nosso interesse no intuito de pesquisarmos, num âmbito mais abrangente, como e em que medida o tema da memória empresarial é levado em consideração pelas empresas atuantes no país, em diferentes setores econômicos e diferentes regiões geográficas. Uma série de indagações perpassava nossa mente.

As empresas genuinamente brasileiras se interessam por sua história ou isso seria antes uma preocupação de empresas de capital estrangeiro? Que motivações teriam levado ou poderiam levar as empresas a se valerem de sua história? As que já institucionalizaram programas ou ações

---

2. O resultado da pesquisa foi divulgado em uma palestra minha no I Seminário Aberje de Gestão Cultural: Realidades e Perspectivas, realizado no auditório do MASP em São Paulo/SP em fevereiro de 2011.

Relações públicas

tendem a torná-los permanentes? Seus programas estão voltados para reforçar nos públicos estratégicos o sentimento de pertencimento a elas e como ferramentas de gestão do conhecimento?

Eram questões que suscitavam a formulação de outra tantas, ligadas à comunicação organizacional. Que espaço se reserva ou se pode reservar a esta nos trabalhos de construção da memória das empresas? A elaboração dos programas, nas empresas que já os têm, foi norteada por teorias e práticas de relações públicas? As relações públicas, por sua vez, estão incorporando ou poderiam, e até mesmo deveriam, incorporar conhecimentos e experiências acumulados em outras áreas, entre as quais a história empresarial?

Algumas dessas questões foram por nós expressas na forma de hipóteses a serem comprovadas, esclarecidas ou até mesmo refutadas. A principal era que os campos das relações públicas e de comunicação organizacional ocupam um espaço estratégico no trabalho de construção da memória organizacional nas empresas brasileiras líderes em seus segmentos de atuação. Entre as hipóteses secundárias, era que os trabalhos de história empresarial desenvolvidos no campo das relações públicas, para lá de simples ações comemorativas, tendem a se constituir em programas permanentes, como ferramentas de gestão do conhecimento. Outra era que a preservação da história talvez não representasse uma opção ou uma prática de empresas de origem genuinamente brasileira.

Vale ressaltar aqui o que diz Gil (2002, p. 36) sobre a relação entre as hipóteses e as teorias. Para ele, "as hipóteses derivadas (das teorias) são as mais interessantes, já que proporcionam ligação clara com o conjunto mais amplo de conhecimentos das ciências". Isso, entretanto, nem sempre é possível, segundo ele, porque muitos campos da ciência carecem de teorias suficientemente esclarecedoras da realidade.

De qualquer forma, tratava-se de verificar mais de perto as questões e as hipóteses formuladas, confrontando-as com as exposições teóricas que havíamos delineado. Para tanto realizamos, em 2005, uma pesquisa empírica com uma amostra significativa de empresas atuantes no Brasil. Nosso principal objetivo era identificar se nelas existem conexões entre os campos das relações públicas e da história empresarial. Os dados colhidos seriam tipificados, quantificados e analisados, em função

Memória e história empresarial no Brasil

de seu enquadramento em uma linha evolutiva das relações públicas. A coordenação desse trabalho foi feita por Suzel Figueiredo, diretora da Ideafix Estudos Institucionais e também coordenadora do Databerje, instituto de pesquisa da Aberje, já referido nesta obra.

Para definir o universo de pesquisa, utilizamos como base a edição especial, relativa ao ano 2005, da revista *Exame*,[3] sobre as "500 maiores e melhores empresas do Brasil". Procedemos a um sorteio sistemático, com salto a cada cinco nomes da listagem dessa publicação, na qual as empresas estão classificadas por ordem de faturamento. Isso resultou em um quadro de cem empresas a serem pesquisadas.

Durante o processo, considerando que as instituições financeiras não constavam entre as 500 maiores empresas da *Exame*, buscamos com a Federação Brasileira dos Bancos (Febraban) uma relação dos bancos que operam no Brasil, classificados por essa instituição pelo critério de "ativos totais", selecionando-se entre eles os vinte maiores para contato. Além disso, incluímos na amostra 14 outras empresas que, não constantes na *Exame*, apareciam na quarta edição, referente a 2004, de *Valor 1000*.[4]

A metodologia empregada foi a quantitativa, com uma amostra probabilística sistemática, cuja escolha se deveu ao fato de que os elementos do estudo estavam arranjados em ordem monotônica (*ranking* de faturamento), tendo o salto sistemático sido, no nosso entender, mais representativo que uma amostra aleatória simples, com base na literatura por nós consultada (Aaker, Kumar e Day, 2001, p. 390).

Como instrumento de coleta, valemo-nos de um questionário estruturado, com perguntas abertas e, na maioria, fechadas. Nosso objetivo era levantar dados sobre os seguintes tópicos: definição de história empresarial; estruturação do programa de história empresarial; grau de impor-

---

3. Revista mensal de negócios sobre economia, finanças, gestão, tecnologia, marketing e carreira, da Editora Abril S.A. Anualmente ela publica o guia *Maiores e Melhores*, escolhendo, a partir de uma série de critérios econômico-financeiros, as empresas que, no ano anterior, foram destaque no país e nas suas diferentes regiões geográficas. A edição de 2005 era a 33ª da série.
4. *Valor 1000* é um anuário das maiores empresas do país, por setores e regiões, publicado pelo jornal *Valor Econômico*, de economia, negócios e finanças, editado pela empresa Valor Econômico S. A.

176

Relações públicas

tância atribuído a ele; tempo de existência; dados que se coletam; fontes de informação; produtos que se geram; área responsável; composição da equipe; formação dos profissionais envolvidos; públicos que têm acesso ao programa; envolvimento da alta gestão; relação entre história empresarial e planejamento; comprometimento das empresas com a história.

O questionário compunha-se de escalas nominais, escalas de avaliação verbal e de uma escala Likert.[5] De acordo com o autor tomado como referência sobre técnicas para medir atitudes (Mattar, 2000, p. 92), as escalas de autorrelato são muito utilizadas, por sua facilidade de aplicação e análise. Com o uso da escala Likert foi possível testar várias afirmações, cuja base semântica eram as hipóteses do objeto de nosso estudo.

O contato com as empresas selecionadas foi estabelecido por telefone, considerada a forma mais viável, já que não se dispunha de todos os nomes dos possíveis respondentes. Os questionários foram aplicados por uma equipe de três entrevistadoras, supervisionadas por Sandra Dorgan, cuja vida profissional se desenvolveu no Instituto de Pesquisas Datafolha. A equipe de pesquisadoras foi treinada para a abordagem. O primeiro passo era identificar se as empresas tinham uma área de comunicação institucional, corporativa ou de marketing. Depois, solicitava-se um contato com o responsável pelo departamento. As empresas com as quais não se conseguiu contato foram substituídas pela seguinte da listagem da revista *Exame*.

A meta original foi ultrapassada, tendo-se obtido um retorno de 119 empresas atuantes no Brasil. Foi estabelecido um compromisso com os entrevistados no sentido de compartilhar com eles as informações após a conclusão da pesquisa, o que certamente contribuiu para motivá-los a nos responderem, já que se tratava de um estudo inédito. Esse primeiro momento já sinalizava de alguma forma o interesse que o tema da história desperta no segmento empresarial.

---

5. Escala nominal é a escala usada para classificar pessoas (sexo, classe socioeconômica, orientação no tempo), identificar grupos etc. Escala de avaliação verbal é a que se baseia em relatos orais. Escala Likert é uma escala composta por um número determinado de proposições, geralmente com cinco a sete possibilidades de resposta, variando desde "discordo totalmente" até "concordo totalmente". Conforme o site wikipedia.org/wiki/Likert, ela tem esse nome Rensis Likert, que, em 1932, publicou uma matéria descrevendo seu uso.

Memória e história empresarial no Brasil

4.3 Responsabilidade histórica no Brasil

Encerrado o trabalho de campo, avaliaram-se os questionários preenchidos, codificaram-se as respostas e tabularam-se os dados. Para o processamento, valemo-nos do pacote estatístico SPSS (Statistical Package for the Social Sciences), que permite cruzar informações das diferentes variáveis de perfil (cargo do respondente, ramo de atividade, origem do capital e porte da empresa) e das respostas às questões. Com a análise dos dados, procurou-se confrontá-los com as indagações e hipóteses que pautavam nosso trabalho, para o que levamos em conta o alerta feito por Lopes (2001, p. 125), de que é necessário procurar contornar "a mera acumulação de dados e a erudição estéril". Os principais resultados são registrados na sequência.

4.3.1 As empresas pesquisadas têm um perfil diversificado

A pesquisa atingiu profissionais experientes, sendo que 68,2% tinham mais de 30 anos. Os entrevistados eram de níveis hierárquicos distintos. Grande parte (46,2%) se enquadrava na categoria assessores, analistas e especialistas e mais de um terço (36,1%) ocupava cargos de gerência e diretoria.

Tabela 4.1 – Profissionais *versus* ramo de atividade da empresa

		TOTAL	INDÚSTRIA	COMÉRCIO	SERVIÇOS
BASE	NA	119	68	10	41
	%	100,0	100,0	100,0	100,0
Assessor, analista, especialista	NA	55	36	2	17
	%	**46,2**	52,9	20,0	41,5
Coordenador, supervisor, líder	NA	21	10	4	7
	%	17,6	14,7	40,0	17,1
Gerente, diretor, superintendente	NA	43	22	4	17
	%	**36,1**	32,4	40,0	41,5

Relações públicas

As indústrias compunham a maioria da amostra (57,1%), seguidas pelas empresas de prestação de serviços (34,5%) e comércio (8,4%). Essa lógica amostral obedeceu à participação de cada um dos segmentos no universo da revista *Exame*. As empresas eram das mais distintas origens, com predominância das brasileiras (55,5%). As europeias somavam 20,7% e eram procedentes dos seguintes países: Alemanha, Bélgica, Espanha, França, Holanda, Inglaterra, Luxemburgo, Itália e Suécia. As de origem nos Estados Unidos representavam 15,1%. Na categoria "outros", totalizando 8,7% da amostra, se incluíam organizações que têm suas matrizes em países como Bermudas, Canadá, Coréia, Japão e México, além de empresas de capital multinacional (Brasil-Bélgica, França-Espanha-Luxemburgo, Brasil-Espanha e Portugal-Espanha).

Quase a totalidade (87,4%) das empresas tinha um quadro de mais de 1.000 empregados. Em 49,5% das empresas, esse número ficava entre 1.000 e 5.000; em 37,8%, acima de 5.000. Vale observar que, apesar de as empresas do segmento produtivo terem constituído a maioria da amostra (57,1%, conforme citado), as de prestação de serviços (que representavam 34,5%) tinham um número mais elevado de empregados (46,3%) que as indústrias (32,4%), conforme se observa na tabela a seguir.

Tabela 4.2 – Número de funcionários *versus* ramo de atividade da empresa

		TOTAL	INDÚSTRIA	COMÉRCIO	SERVIÇOS
BASE	NA	119	68	10	41
	%	100,0	100,0	100,0	100,0
De 101 a 500 funcionários	NA	4	2		2
	%	3,4	2,9		4,9
De 501 a 1.000 funcionários	NA	11	6	2	3
	%	9,2	8,8	20,0	7,3
De 1.001 a 5.000 funcionários	NA	59	38	4	17
	%	**49,6**	55,9	40,0	41,5
Acima de 5.000 funcionários	NA	45	22	4	19
	%	**37,8**	**32,4**	40,0	**46,3**

Memória e história empresarial no Brasil

O Gráfico 4.1 mostra que a maioria absoluta das empresas, na ocasião da realização da pesquisa, em 2005, mantinha atividades no Brasil havia mais de 25 anos: 84,8%, somando-se as três categorias referentes a empresas com mais de 25 anos. A média de tempo de existência era de 58,2 anos. Eram dados importantes para nós, tendo em vista nosso interesse em verificar como as empresas aqui atuantes tratam o tema de sua memória e de sua história.

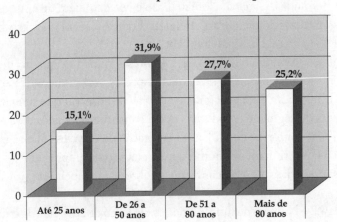

Gráfico 4.1 – Tempo de vida da empresa

4.3.2 Empresas mais antigas têm programas mais estruturados

Iniciativas no campo da história empresarial já eram realidade em 86,6% das empresas consultadas, de acordo com o Gráfico 4.2. Desse total, 49,6% já tinham programas estruturados e 37% desenvolviam ações eventuais. Em apenas 13,4% ainda não existiam programas nem ações esporádicas.

Gráfico 4.2 – Programa de história empresarial

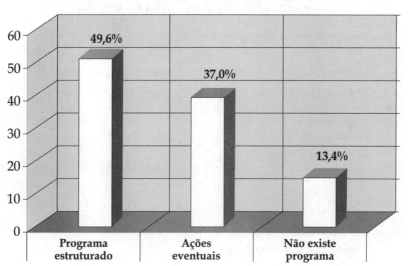

Percebe-se uma relação entre o tempo de vida da empresa e a estruturação de um programa de história empresarial. As mais antigas, entre as empresas entrevistadas, tinham programas mais estruturados. Das com mais de 80 anos, 60% já haviam consolidado seus programas, enquanto nas mais jovens esse índice era de apenas 22,2%, como demonstrado na Tabela 4.3.

Memória e história empresarial no Brasil

Tabela 4.3 – Tempo de vida da empresa *versus* estruturação de um programa de história empresarial (%)

	Total	Até 25 anos	25 a 50 anos	50 a 80 anos	Mais de 80 anos
Existe programa estruturado de história empresarial	49,60	22,20	50,00	54,00	60,00
Existem ações eventuais de história empresarial	37,00	50,00	34,20	39,40	30,00
Não existem ações de história empresarial	13,40	27,80	15,80	6,60	10,00

4.3.3 *A importância dos programas é reconhecida pela maioria das empresas*

À indagação sobre a importância de um programa de história empresarial, as respostas foram, em síntese, as seguintes, arroladas em três categorias principais:

- História é o resgate, a preservação e o registro da memória e cultura da empresa, para 95,8% dos entrevistados.
- O acúmulo de informações levantadas pode ser utilizado como ferramenta estratégica na administração, na análise do desempenho da empresa, provendo subsídios que a orientam na definição de novos rumos.
- Os programas representam uma nova forma de comunicação empresarial, constituindo-se em nova opção para a atuação do profissional no mercado.

Independentemente do tempo de existência da empresa, quase a totalidade (96,7%) dos entrevistados atribuiu importância aos programas de história empresarial, considerados "muito importantes" para 78,2% e "importantes" para 18,5%; apenas 3,4% os viam como "pouco importantes".

Relações públicas

Quanto às razões da relevância, os relatos destacaram que os registros de fatos do passado constituem fontes de preservação da memória e subsídios para a construção da trajetória da empresa; estabelecem conexão entre o passado da organização e a compreensão da sua proposta atual e futura; contribuem para o planejamento de ações e estratégias empresariais; e fortalecem o vínculo dos públicos internos e externos com a empresa, conferindo credibilidade às relações com eles.

Questionados sobre o tempo de existência do programa, cerca de 30% dos respondentes registram programas com mais de 10 anos, como apontado no Gráfico 4.3. Nas empresas do ramo de serviços, 38,9% têm programas com mais de 10 anos de existência e nas indústrias este índice é de 20%.

Gráfico 4.3 – Tempo do programa

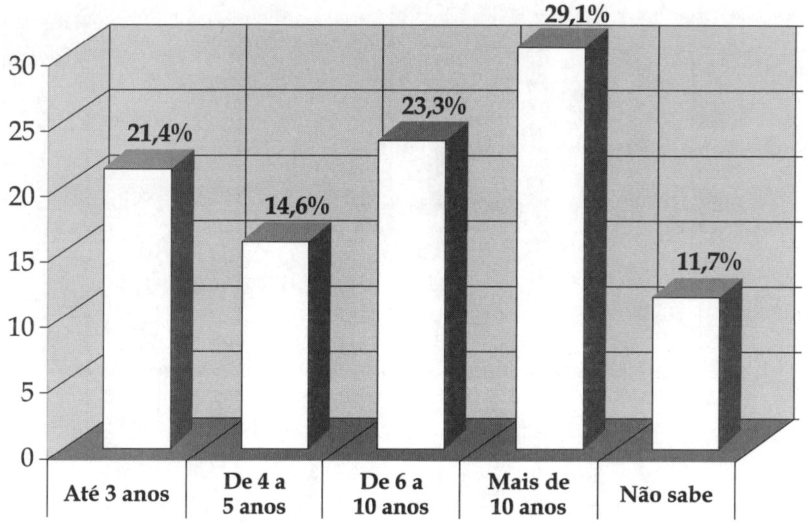

Até 3 anos	De 4 a 5 anos	De 6 a 10 anos	Mais de 10 anos	Não sabe
21,4%	14,6%	23,3%	29,1%	11,7%

183

4.3.4 Fotos e documentos são o material histórico mais coletado

Das empresas que mantinham projetos de história empresarial na ocasião da realização da pesquisa, as dos segmentos de indústria e de serviços eram as que mais coletam materiais, principalmente fotografias e documentos. O Gráfico 4.4 mostra os números das empresas entrevistadas: 85,1% para fotografias e 81,2% para documentos. No caso das empresas de serviços, esses índices eram de 80,6% e 83,3%, respectivamente, ao passo que, para os demais itens, eles eram muito similares.

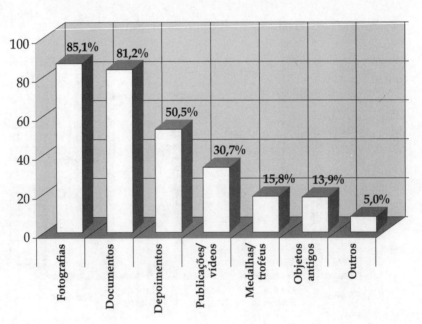

Gráfico 4.4 – Materiais coletados pelas empresas

Relações públicas

4.3.5 Relatos de funcionários antigos constituem os depoimentos prioritários

Quanto aos depoimentos como fontes para a construção da história, notou-se que há relação entre a estruturação dos programas e a prática da coleta de dados. Empresas com programas já institucionalizados buscam mais depoimentos (56,1%) do que aquelas que só praticam ações eventuais (43,2%).

Quando questionados sobre a origem dos depoimentos, 89,6% dos entrevistados indicaram os relatos de antigos funcionários como fonte principal, de acordo com o Gráfico 4.5. Essa informação sinaliza a importância da história oral, que vem carregada de sentimentos e emoções, emprestando à história da empresa um valor que vai além de sua atividade estritamente econômica.

Gráfico 4.5 – Fontes dos depoimentos

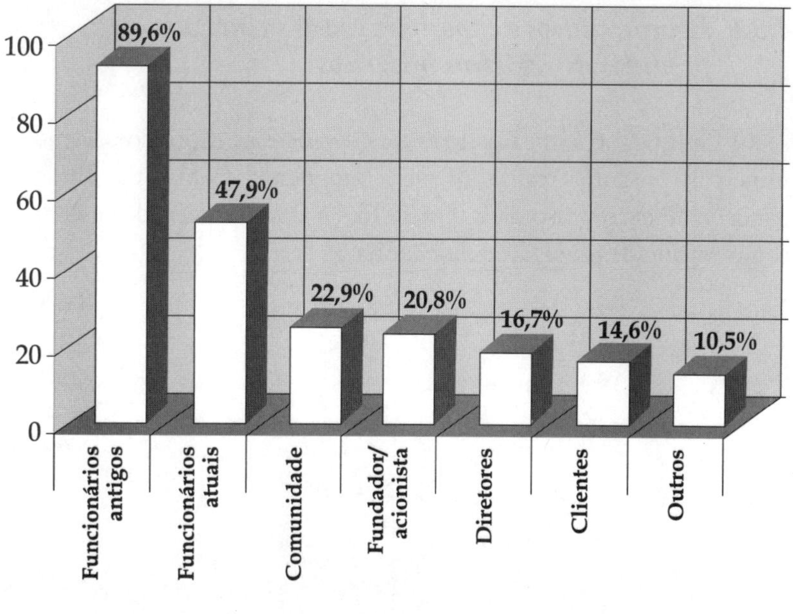

Memória e história empresarial no Brasil

Registrou-se também uma relação entre o tempo de existência das empresas e a coleta de depoimentos de funcionários. A Tabela 4.4 indica que, quanto mais antiga a empresa, mais os funcionários antigos são ouvidos na reconstituição de sua história.

Tabela 4.4 – Relação entre tempo de existência das
empresas e coleta de depoimentos (%)

	Total	Até 25 anos	26 a 30 anos	51 a 80 anos	Mais de 80 anos
Funcionários antigos	89,60	33,30	94,70	86,70	100,0
Funcionários atuais	47,90	33,30	42,10	53,30	54,50
Comunidade	22,90	——	26,30	20,00	27,30
Fundadores	20,80	——	26,30	33,30	——

4.3.6 Livros, vídeos e exposições são os principais produtos de registros históricos

O Gráfico 4.6 indica os livros, os vídeos e as exposições como os principais produtos realizados pelos programas de história. Também chama a atenção o uso da internet: 36,4% dos entrevistados a citaram como veículo de divulgação da história.

Relações públicas

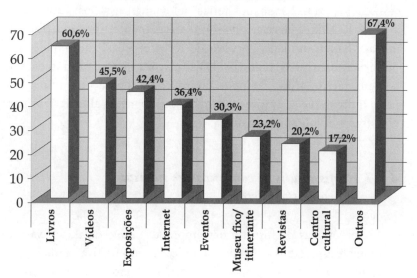

Gráfico 4.6 – Produtos realizados

Existem, no entanto, variações significativas entre os diferentes tipos de empresas e os materiais que produzem, como se pode ver na Tabela 4.5. No caso das exposições, por exemplo, as empresas prestadoras de serviços dão a elas um destaque maior do que as indústrias e os estabelecimentos comerciais.

Tabela 4.5 – Materiais históricos por
segmento de atividade econômica (%)

Produtos	Total	Indústria	Comércio	Serviços
Livros	60,6	63,2	42,9	60,0
Vídeos	45,5	54,4	42,9	31,4
Exposições	42,4	38,6	28,6	51,4
Internet	36,4	33,3	57,1	37,1
Eventos	30,3	29,8	14,3	34,3
Museu	23,2	24,6	—	25,7

Vale um comentário sobre "outros produtos", que, no Gráfico 4.6, somam 67,4% das menções feitas pelos entrevistados. Incluem-se aí CD-ROMs, galerias, memorial permanente, intranet, folders, murais, banco de dados, acervo de fotos e peças, áudio, palestras, publicações, brindes, manuais, DVDs, ações sociais, biblioteca, selo comemorativo, atlas, cursos e álbuns como alguns exemplos. Isso pode indicar que as empresas vêm buscando meios alternativos para registrar e divulgar sua história.

4.3.7 Profissionais de comunicação lideram os projetos de história

Os programas de história das empresas entrevistadas achavam-se fortemente associados à área de comunicação corporativa, como mostra o Gráfico 4.7, embora em mais de um terço delas fosse comum o envolvimento de mais de uma área. Algumas empresas valiam-se de equipes multidisciplinares, atuantes na forma de comitês.

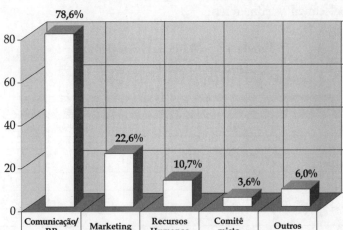

Gráfico 4.7 – Área responsável

Das empresas do segmento industrial, 70,9% dos entrevistados apontaram como preferencial o trabalho realizado conjuntamente por equipe interna e externa. No caso das prestadoras de serviços, esse índice era de 66,7%.

É interessante notar que, até mesmo nas empresas que mantinham um programa de história empresarial estruturado, predominavam as equipes que trabalhavam em conjunto (81,4%), o que sugere uma necessidade de se dispor de profissionais especializados. No caso das empresas que realizam ações eventuais, esse percentual era menor (56,8%), como se pode conferir na Tabela 4.6.

Tabela 4.6 – Coleta de materiais em empresas com programas estruturados e em empresas com ações eventuais (%)

	Total	Programas estruturados	Ações eventuais
Temos equipe interna que realiza o trabalho	28,20	16,90	43,20
Contratamos uma empresa especializada	1,00	1,70	—
Fazemos um trabalho conjunto de equipe interna e externa	70,00	81,40	56,80

4.3.8 Relações-públicas, os profissionais mais presentes

No Gráfico 4.8, vê-se que, nas empresas entrevistadas, 24,5% dos profissionais responsáveis por projetos de história empresarial eram graduados em relações públicas, seguidos pelos jornalistas (19,6%) e por profissionais de marketing (11,8%). Essa informação sinaliza que os programas de história empresarial, por lidarem diretamente com a imagem institucional da organização, contemplam as funções atribuídas à comunicação, especialmente às relações públicas. No entanto, essa é uma área que chamamos de "mestiça", reunindo até mesmo pedagogos, antropólogos, musicólogos, arquitetos, cientistas sociais, advogados, psicólogos e economistas, que também estão representados na pesquisa, na categoria "outros", com 13,9% da amostra.

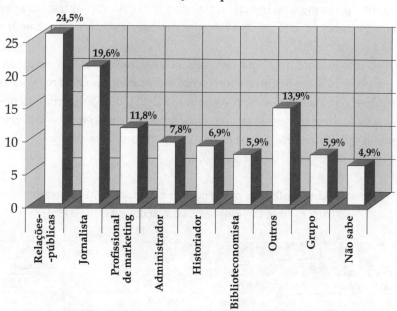

Gráfico 4.8 – Formação do profissional interno

4.3.9 A participação dos historiadores na construção dos programas

Quando os profissionais responsáveis pelo programa de história empresarial são contratados, isto é, não integram a equipe interna da empresa, os historiadores lideram o *ranking*, com 32,4% da amostra, seguidos pelos jornalistas (17,6%) e, logo depois, pelos publicitários (12,2%), de acordo com o Gráfico 4.9. Novamente, as profissões de humanidades, além de outras especializações da comunicação, compareçam, reunidas, com 9,7% da amostra: Relações Públicas, Biblioteconomia, Antropologia, Letras, Editoração e Ciências Sociais. Comparando os Gráficos 4.8 e 4.9, é possível identificar uma tendência à formação de equipes mistas e multidisciplinares para o desenvolvimento de projetos de história empresarial.

4.3.10 Equipes internas selecionam as informações do acervo histórico

A responsabilidade de selecionar as informações que integrarão o acervo histórico das empresas é confiada à equipe interna pela maioria das empresas entrevistadas (56,3%). Em 35,9% dos casos, esse trabalho é realizado conjuntamente com a equipe externa. Os índices se mantêm nesse patamar tanto no setor industrial quanto nos segmentos comercial e de serviços. Além desses, em 4,9% das empresas o responsável pela seleção é o coordenador, a empresa contatada em 1,9% dos casos e os fundadores, com 1% de citação.

Gráfico 4.9 – Formação do profissional externo

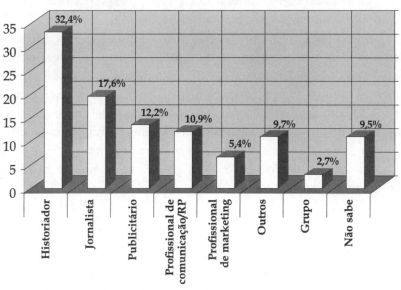

Memória e história empresarial no Brasil

4.3.11 Programas de história empresarial têm vida longa e futuro promissor

Questionamos os entrevistados sobre o grau de concordância com algumas frases, todas elas hipóteses sobre programas de história empresarial. Como se pode ver no Gráfico 4.10, a concordância ou discordância se deu num bloco bem homogêneo. A única hipótese que dividiu os entrevistados foi sobre o uso que as empresas fazem dos projetos de história empresarial como instrumento de marketing: 51,4% concordaram com essa hipótese e 47,6% discordaram dela. Por outro lado, 97,1% discordaram da afirmação de que a história empresarial é uma moda que vai passar. Na percepção de 88,3% da amostra, os programas de história demonstram o comprometimento das empresas com o país, e 89,3% também concordaram com a ponderação de que preservar a história das empresas é uma ação de responsabilidade social.

Solicitados a corroborar ou não a afirmação de que os trabalhos empresariais não precisam ter compromisso com a autenticidade dos fatos, 97,1% discordaram, e 87,4% também discordaram totalmente de que se deve valorizar a história apenas em momentos festivos. Quanto à afirmação de que o sucesso do programa de história depende do apoio da alta gestão, 98,1% concordaram inteiramente. O fato de 96,2% terem concordado com a ponderação de que o conhecimento da história pode ser útil no planejamento de negócios confirma a valorização dos programas de história empresarial.

Relações públicas

Gráfico 4.10 – Hipóteses sobre os programas de história (%)

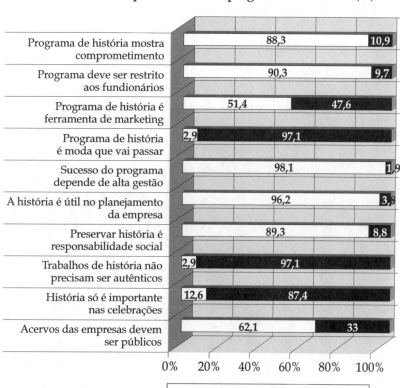

Finalmente, quando indagados sobre se concordavam ou não em tornar públicos os acervos da empresa, 62,1% disseram que concordavam. É curioso notar que, mesmo acreditando que a história empresarial é importante para o país, parcela significativa dos entrevistados deseja que a informação fique restrita ao âmbito interno. Isso expressa uma divergência em relação à importância de tornar públicos acervos históricos privados. Outro dado que embasa essa divergência foi revelado pela discordância de 90,3% quanto à opinião de que programas de história devem ficar restritos aos funcionários da empresa.

4.3.12 Disponibilização dos acervos históricos

Das empresas que tinham programa de história empresarial na ocasião da realização da pesquisa, 89% disponibilizavam seu acervo histórico para os empregados, como mostra o Gráfico 4.11. A comunidade e o público em geral também tinham acesso às informações (51%), incluindo os clientes (23%), a imprensa (15%), familiares dos empregados (14%) e estudantes (8%).

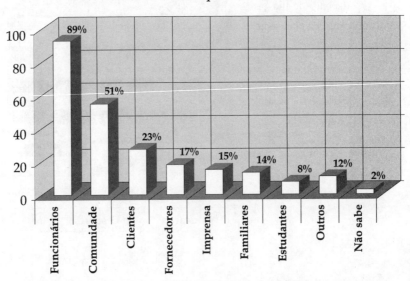

Gráfico 4.11 – Públicos que têm acesso ao acervo

O amplo acesso disponibilizado pelas empresas indica que há interesse estratégico na divulgação da história empresarial, pois, de acordo com 89,3% dos participantes da pesquisa, preservar a história das empresas é uma ação de responsabilidade social. Outro dado que confirma o valor estratégico da história empresarial é a concordância de 96,2% com a afirmação de que o conhecimento da história pode ser útil no planejamento dos negócios.

Relações públicas

4.4 Perspectivas para as relações públicas, comunicação organizacional e história empresarial

A pesquisa realizada nos permitiu tirar algumas conclusões, que respondem a indagações que tínhamos em mente e, por outro lado, confirmaram, esclareceram ou descaracterizaram parcialmente algumas hipóteses que havíamos formulado.

1) A pesquisa realizada sinalizou que a área de história empresarial está se estruturando nas maiores organizações do país. Como estas lançam tendências de gestão e comunicação, espera-se que, no médio prazo, a valorização da história empresarial passe a ser reconhecida por outros segmentos.

2) Os campos das relações públicas e da comunicação corporativa estão ampliando seus espaços nas organizações, sendo a história empresarial mais uma área de atividade. De acordo com os dados coletados e sinalizado no Gráfico 4.8, vê-se que, nas empresas entrevistadas, 24,5% dos profissionais responsáveis por projetos de história empresarial eram graduados em relações públicas: além de mobilizar profissionais de relações públicas e comunicação, esses programas trazem para a esfera privada profissionais mais ligados à prática pública de resgate e manutenção histórica – os historiadores.

3) A história empresarial configura-se um novo campo de atividades para os profissionais de relações públicas, pois serão eles, como estrategistas, que irão registrar os relacionamentos da empresa com seus públicos. Muito embora seja uma área da qual vários profissionais especializados participem, será o gestor de relações públicas e de comunicação organizacional o responsável por essa atividade.

4) Nas grandes empresas pesquisadas, muito embora 86,6% já tenham desenvolvido iniciativas relacionadas com a história empresarial,

195

apenas metade (49,6%) delas tinha projetos estruturados. Como a grande maioria dos profissionais acreditava que a alta gestão deve estar envolvida para o sucesso do programa, nota-se que mesmo nas grandes organizações há um longo caminho a percorrer.

5) Os principais trabalhos desenvolvidos por esses profissionais se traduzem em livros, vídeos, exposições e outros produtos. Há sinais, no entanto, de que, nas empresas com programas mais estruturados, estão em andamento produtos sofisticados, tais como museus permanentes e história contada.

6) Quando o resgate histórico é feito por meio do registro de depoimentos, são os funcionários antigos a fonte de informação mais utilizada. Essa história oral, passada por meio de depoimentos gravados em áudio e vídeo, é um rico material, já que, além do registro do fato, vem carregado de emoção e credibilidade.

7) A importância dos projetos de história nas empresas é reconhecida por quase todos os pesquisados, pois, além de tudo, eles também funcionam como ferramenta de gestão. A análise do passado ajuda a projetar o futuro e essas informações podem, quando sistematizadas em bancos de dados, servir como instrumento de inteligência competitiva.

8) O Brasil não é um país que investe sistematicamente na preservação da história. No entanto, foi uma grata surpresa verificar que, entre as empresas com programas estruturados de preservação histórica, 57,6% são brasileiras.

9) Tudo indica que o cuidado com a história empresarial é uma tendência e não uma moda passageira. O grande desafio é identificar se a motivação que leva às empresas ao resgate da história é genuína ou se representa mais um nicho a ser explorado pelo marketing.

Relações públicas

As conclusões da pesquisa só reforçam as reflexões apresentadas até aqui e também interações entre os pensamentos e as práticas de inúmeras disciplinas presentes no cotidiano das empresas e instituições.

Os principais dados levantados e as tendências apuradas pela pesquisa empírica apontam para um trabalho conjunto entre os campos das relações públicas e da história. Abre-se, assim, um espaço de trabalho qualificado para os pesquisadores e profissionais das áreas de relações públicas, comunicação e história, numa aproximação entre disciplinas que promovem a ciência e o trabalho, a teoria e a prática, alargando a abrangência desses campos do conhecimento e mostrando que é possível eles se unirem sem perder as identidades originais.

*A boa gestão de seu próprio conhecimento é um novo
desafio para o mundo dos negócios.
É um conhecimento muito especial que refaz para cada pessoa
da empresa, e também para os seus públicos e mercados,
aquilo que Joseph Campbell chama de jornada do herói.
Ou seja, aquele caminho em que cada um enfrentou desafios
profissionais e pessoais, experimentou vitórias e derrotas,
e retornou trazendo o valor da experiência, na forma de conhecimento, para o seu grupo na empresa ou comunidade.
O resgate da memória empresarial consolida os mitos,
as lendas, os marcos fundadores e os heróis que fazem
parte da trajetória de cada empresa.
Quando a empresa não trabalha a sua memória,
ela corre o risco de perder um patrimônio,
parte fundamental de sua identidade.*

Paulo Nassar
Jornalista, professor da ECA-USP e
Diretor-geral da Aberje

Considerações finais

Princípio e segredo da identidade

Nas páginas iniciais desta obra, registramos como epígrafes três pensamentos expressivos que dizem respeito de perto a seu conteúdo. O primeiro nos vem do historiador francês Pierre Nora, em sua obra *Entre memória e história*:[1]

> A atomização de uma memória geral em memória privada dá à lei da lembrança um intenso poder de coerção interior. Ela obriga cada um a se relembrar e a reencontrar o pertencimento, princípio e segredo da identidade. Esse pertencimento, em troca, o engaja inteiramente.

Essa passagem foi citada no artigo "Lugares de memória ou a prática de preservar o invisível através do concreto" (Arévalo, 2006), em que a autora, com base em Nora, analisa a união das ideias

---

1. NORA, Pierre. "Entre memória e história: a problemática dos lugares". In: *Projeto História*, São Paulo, PUC-SP, n. 10, p. 12, 1993. Referenciação feita por Arévalo (2006).

Princípio e segredo da identidade

de patrimônio, como preservador de uma memória, e de espaço, como veiculador da mesma, o que gera o uso da categoria "lugares de memória", que observa o espaço físico (material) como suporte para a formação de uma memória coletiva (imaterial).

O segundo pensamento procede da educadora Sonia Kramer, conhecida autora de obras e projetos nas áreas de educação infantil, alfabetização, leitura e escrita: "Resgatar a memória e recontar a história é ressignificar o olhar." A frase vem muito a propósito de nosso trabalho. Ela foi citada no artigo "O oral e a fotografia na pesquisa com professores" (Oliveira et al., 2006), cuja proposta, conforme o resumo feito pelos autores, "é pensar o oral e a fotografia como 'ferramentas', mas também como dispositivos que dão 'voz' e 'imagens' às leituras de realidades e, mais especificamente à investigação no território das ciências sociais".

O terceiro pensamento, por fim, foi extraído do portal do Museu da Pessoa, instituto criado em 1991 por Karen Worcman, que, mediante metodologia própria de registro de depoimentos e de formação de acervos de histórias de vida, desenvolve projetos de memória em empresas, sindicatos, associações, escolas e comunidades:

> A ideia de que nossa memória tem valor social nos potencializa como agentes de nossa própria história e também de nosso grupo.

Ao resgatar aqui essas epígrafes, faz-se delas também o eixo das reflexões finais, numa revisita à responsabilidade histórica das organizações e às perspectivas que se abrem para as relações públicas no trabalho de "resgatar sua memória e contar sua história", ideia presente no subtítulo desta obra.

Uma resposta às questões de Alina[2]

Em setembro de 2006, prestes a concluir os originais deste trabalho, foi concedida uma pequena entrevista a Andréia Rodrigues (2006), de

---

2. Ver texto introdutório desta obra, "A ressignificação do olhar".

Relações públicas

Ser Natura Colaborador (SNC), jornal destinado ao público interno da Natura. Essa conhecida empresa do segmento de cosméticos desenvolve desde 1993 o projeto Memória Viva. Na internet, ela mantém, com o apoio do Museu da Pessoa, o site "Memória das Comunidades Natura",[3] que traz a história de vida de consultoras, consultores, promotoras, colaboradores, fornecedores e consumidores da Natura. "É dessa maneira que vamos formar uma grande rede de memória de indivíduos que fazem parte de nossa trajetória", lê-se em sua missão.

A entrevista, reproduzida na sequência, foi exatamente sobre a importância, para o ambiente corporativo, do cultivo da memória empresarial, tendo como fio condutor a afirmação de que "a história valoriza o sentimento de pertencer". A chamada com que o editor abriu a matéria dizia que "aquela ideia de que o passado é algo descartável, que precisa ser jogado fora para não ocupar lugar, está acabando".

Esse parágrafo nos remete mais uma vez à personagem Alina, do romance *Casa rossa*, de Francesca Marciano, com que abrimos esta obra: "Que tipo de coração é preciso para se livrar dessas coisas sem remorso, como se fossem latas de cervejas vazias?" Mais do que nunca se faz necessário, nesse campo da memória empresarial, como também no das relações públicas e da comunicação organizacional, uma "ressignificação do olhar", título de nossa introdução.

* * * * *

SNC – *Como poderíamos definir memória empresarial?*

PN – É o conjunto de sensações, lembranças e experiências, tanto boas quanto ruins, que as pessoas guardam de sua relação direta com uma empresa. Por isso, mais do que produtos e serviços, as empresas compartilham, seja com seu colaborador seja com a comunidade, seu imaginário organizacional.

---

3. Site http://www.museudapessoa.net/natura/projeto.html.

Princípio e segredo da identidade

SNC – O que é imaginário organizacional?

PN– Tudo aquilo que compõe a identidade e memória da empresa, que interage com a percepção de seus vários públicos de relacionamento.

SNC – Qual é a importância da memória para as empresas?

PN– A memória empresarial valoriza o trabalho, fortalece a confiança do colaborador. Com a preservação da memória empresarial, as pessoas veem-se dentro das organizações e encontram seu valor.

SNC – Isso é importante em uma época com muitas transformações, como a nossa?

PN– Com certeza. Hoje, as mudanças corporativas são muito rápidas e há uma grande rotatividade de recursos humanos. Por essa razão é necessário que as empresas administrem seus mitos e suas lendas. E não apenas em épocas de aniversário, de forma comemorativa. Mas sempre para a boa gestão de seu próprio conhecimento. Esse é um novo desafio para o mundo dos negócios.

SNC – Que tipo de conhecimento é esse e o que significa fazer a sua gestão?

PN– É um conhecimento muito especial que refaz para cada pessoa da empresa, e também para os seus públicos e mercados, aquilo que Joseph Campbell chama de jornada do herói. Ou seja, aquele caminho em que cada um enfrentou desafios profissionais e pessoais, experimentou vitórias e derrotas, e retornou trazendo o valor da experiência, na forma de conhecimento, para o seu grupo na empresa ou comunidade. O resgate da memória empresarial consolida os mitos, as lendas, os marcos fundadores e os heróis que fazem parte da trajetória de cada empresa. Quando a empresa não trabalha a sua memória, ela corre o risco de perder um patrimônio, parte fundamental de sua identidade.

Relações públicas

SNC – Como a memória empresarial pode ser organizada?

PN – Ela pode se materializar de diversas formas. Na guarda de produtos e documentos, na publicação de livros. Pode estar reunida em um website ou ser o acervo de um museu virtual. Pode ser, ainda, a compilação de relatos orais, um registro real da memória que brota naturalmente do narrador, sem nenhuma restrição. O mais importante é que o indivíduo se enxerga nessa história e relaciona sua vida com a trajetória da empresa.

SNC – Então o colaborador desempenha papel de destaque na construção desse tipo de memória...

PN – O colaborador é o grande protagonista. É ele que "faz" a história da empresa. Porque parte dele o registro das experiências, do ambiente de trabalho e da própria reputação da organização. As empresas não são apenas um logotipo, uma marca. Elas são constituídas de pessoas que, dentro de um período determinado de tempo, vão construindo, cotidianamente, o relato histórico de uma organização com suas experiências. Por essa razão, esse profissional precisa ser escutado para que a empresa saiba como o seu conhecimento evolui.

SNC – O colaborador percebe essa importância?

PN – Algumas vezes, sim. Se a empresa oferece uma oportunidade para ele, como no caso da Natura, que tem o Memória Viva, ele vai se sentir mais estimulado a contribuir com a construção dessa história que está relacionada à sua. Com certeza vai querer enviar os materiais que produz e os projetos que desenvolve para que façam parte do acervo da empresa.

SNC – A memória empresarial interessa apenas ao público interno das empresas?

PN – Não. É verdade que a memória empresarial está muito mais próxima do colaborador. Mas ela extrapola os limites da corporação

Princípio e segredo da identidade

porque o colaborador desempenha outros papéis na sociedade. É consumidor, é membro de sua comunidade. Nesse momento, a memória empresarial interage com a comunidade.

SNC – Você acredita que hoje as empresas estão mais atentas à preservação da sua memória?

PN – Sem dúvida. Aquela ideia de que o passado é algo descartável, que precisa ser jogado fora para não ocupar lugar, está acabando. Especialmente porque armazenar informação é uma forma de manter a sabedoria. Além disso, há um outro fato: a memória empresarial fortalece o sentimento de "pertencer". E isso traz efeitos positivos à produtividade. O colaborador reflete: "eu faço parte dessa organização, eu cheguei até aqui, e a empresa está chegando até aqui com a participação do meu trabalho."

A metáfora de Jano

> Na antiga Roma, o deus Jano era guardião das entradas e deus dos começos. Sua imagem era colocada perto da entrada principal das casas. Tinha duas faces, para que pudesse olhar para frente e para trás, e, por isso, às vezes é representado como uma herma (uma cabeça ou busto de duas faces) (Carr-Gomm, 2004, p. 125).

Os romanos, sabiamente, escolheram o deus Jano para abrir cada novo ano.[4] Com dois rostos, dispostos simetricamente em sua cabeça, ele inaugurava as novidades sem desprezar aquelas que haviam se transformado em passado. O recado para nós é claro: a tradição, a experiência, o passado encerra as bases do presente e do futuro. Sem o passado, perdemos o sentido da vida.

As relações públicas brasileiras, como demonstrou nossa pesquisa empírica, ao designar os programas de história empresarial como me-

---

4. Jano é a origem do nome do mês de janeiro.

Relações públicas

diadores presentes entre o passado e o futuro organizacionais, os elegeram como depositários dos atributos construídos ao longo do tempo e indispensáveis para os trabalhos voltados para os relacionamentos públicos e para os desenhos de imagens e de reputações.

É tentador propor como representação para as relações públicas brasileiras, metaforicamente, a imagem e o trabalho de Jano: abrir portas, pontes e diálogos entre quem está exercendo e quem já cumpriu algum papel dentro de uma empresa ou instituição, além de estendê-lo em relação aos outros públicos e à sociedade.

Diante da representação conotada por Jano, outras certamente se apresentarão. Que elas sejam, então, democraticamente defendidas e, bem ao gosto de Thomas Kuhn (1980), alinhadas aos diferentes paradigmas, de braços dados com as organizações e suas comunidades, seus valores, suas tecnologias e seus tempos.

Jano, como expressão de uma identidade de relações públicas, é o ser que se mostra aberto a novas interações com a tradição e com a inovação. Nas maneiras e atitudes que configuram esta identidade, o moderno não devora a tradição, o amplo não elimina o singular, a inclusão é um gesto permanente e elemento da natureza.

Nessa perspectiva, as relações públicas são um campo em que a subtração não faz parte de sua equação essencial. Bordieu (1983, p. 122-123), que trabalhou o campo científico como espaço onde as visões e as autoridades científicas são defendidas e estão em jogo, avaliaria com bons olhos essa porosidade que incorpora e não exclui. Simões (1995, 2001) e M. Kunsch (1997, 2003) veriam também nesse enfoque o reforço essencial para a consolidação de uma área abrangente e polissêmica.

Temos aqui posta a questão epistemológica do resgate da totalidade e da integração dos estudos de relações públicas e de comunicação organizacional, que pode ser tratada em uma perspectiva abrangente, tal qual a abordagem transdisciplinar proposta por Moragas (apud Lopes, 2000, p. 113-114). Para o autor, a visão pluridisciplinar, construída de diferentes disciplinas, reconhece um objeto comum, porém apenas justapõe os conhecimentos díspares desses diferentes pontos

Princípio e segredo da identidade

de vista, o que não produz uma integração entre essas disciplinas. O tratamento interdisciplinar, ainda segundo Moragas, é também insuficiente, pois esse se reduz em confronto com e na troca de métodos e pontos de vista. O ideal, para ele, é a abordagem transdisciplinar do objeto, que se reuniria com base em conceitos e teorias comuns às diversas ciências sociais.

Essa justaposição de disciplinas, sem que se produza uma integração entre elas, envolve, brasileiramente falando, uma pitada de "mestiçagem", que é também um valor moderno e anticorporativista. Artigo publicado recentemente (Nassar, 2004b, p. 47-53) explica nossa visão "mestiça" com base em uma crítica às divisões profissionais existentes na área da comunicação organizacional brasileira. Retoma-se aqui parte do que então foi escrito.

Para entendermos as divisões fratricidas (relações públicas, assessoria de imprensa, publicidade e propaganda, entre outras) a que foi submetido, em seus processos de trabalho, o mundo da comunicação organizacional, proponho primeiramente uma breve incursão ao mundo do cinema e da administração.

No filme *Tempos modernos*, de 1936, o genial Charlie Chaplin apresenta, em forma de uma crítica feroz, um modo de produção de bens que separa material e mentalmente os trabalhadores daquilo que produzem. O filme, que foi financiado pelos sindicatos norte-americanos da época, revela a face de um capitalismo cruel, encarnado na forma de administrar do taylorismo.

Trata-se de um modelo de administração que posiciona e separa os trabalhadores manuais na linha de produção pelas funções que cada um executa, com a meta suprema de alcançar o sonho da produtividade máxima. Aqui, já vale uma primeira comparação com o que acontece no ambiente da comunicação organizacional, no qual se fala muito na importância de processos integrados de comunicação ("comunicação integrada"), mas o que predomina é a visão taylorista da separação de funções: assessoria de imprensa, relações públicas, publicidade, propaganda... A ideologia taylorista no mundo da comunicação organizacional se expressa nos organogramas,

208

Relações públicas

que colocam em caixinhas pessoas e processos que deveriam estar juntos. A arquitetura das empresas/instituições e agências (de imprensa e relações públicas...) e seus mobiliários reafirmam o que os organogramas determinaram.

No mundo da comunicação organizacional, inserido, cada vez mais, no cotidiano dos planejamentos estratégicos de empresas e instituições, predomina ainda uma visão e uma operação de índole mecanicista. Essa situação cria uma contradição com os movimentos das empresas e instituições em direção a modelos de administração mais flexíveis e integrados e sinaliza que o modelo de gestão das áreas e das agências de comunicação está atrasado em relação ao cotidiano da gestão organizacional.

Nesse ambiente, os trabalhadores da comunicação organizacional – oriundos de universidades defasadas da realidade material e mental das empresas e das instituições, administradas também com ênfase nas funções, na divisão de trabalho, na valorização de símbolos de poder e da burocracia – são denominados, direcionados e agrupados de acordo com as tarefas mais simples que executam: "jornalistas são aqueles profissionais que elaboram notícias para veiculação em jornal, revista, rádio e televisão"; "relações-públicas são aqueles profissionais que trabalham para promover relacionamento favorável com o público em geral".

A visão miserável e míope das instituições escolares é amplificada pela quase inexistência, nessas organizações, de processos administrados de comunicação interdepartamentais ("os professores de comunicação social não conhecem o que se ensina na escola de administração") e de comunicação com a comunidade de gestores empresariais e institucionais ("empresa é coisa do demônio").

Era isso parte do que trazia nosso artigo mencionado. O quadro por nós descrito, com alguma ironia, agrava a incompreensão dessas instituições e de seus professores em relação ao campo da comunicação organizacional, que se caracteriza por ser extremamente complexo em suas temáticas. Por isso mesmo, multidisciplinar, principalmente no que tange aos profissionais que nele atuam.

Comprovando essa multidisciplinaridade do campo da comuni-

Princípio e segredo da identidade

cação organizacional, lembremo-nos aqui das pesquisas realizadas, em 2002 e 2005, pelo Instituto Aberje de Pesquisa, as quais foram abordadas no Capítulo 2. Ambas mostraram, além da diversidade dos campos de procedência dos militantes da área, que vários desses têm mais de uma formação acadêmica, tendo ocorrido até mesmo casos de pessoas com graduação em três áreas.

Com certeza, o mundo real da comunicação organizacional e da gestão exige e demanda um profissional com sólida formação em comunicação e também em áreas tidas tradicionalmente como funções organizacionais estratégicas. Nas últimas quatro décadas, esse mundo perdeu muito tempo com "nhenhenhéns" e lutas por posições no mercado de trabalho, encabeçados, infelizmente, por entidades de jornalistas e relações-públicas, e se posicionou de forma multidisciplinar em suas respostas às questões, quase sempre complexas, colocadas pelo mundo da produção e pela sociedade.

Esses desafios fazem da interseção entre relações públicas e história algo muito diferenciado dentro do arsenal de ideias, conceitos, programas e ações à disposição dessas duas áreas. Isso porque, mais do que nunca, a questão do pertencimento, na sociedade atual, está posta como algo que diferencia e solidifica a relação dos públicos com a organização. Em um mundo em que tudo é rapidamente banalizado pela massificação, pela utilização cotidiana, pelo excesso de exposição, uma diferenciação que nasce pela história de uma organização com as pessoas e, também, dessas pessoas com a organização, é um atributo que poucos têm. Jensen (2006, p. 20), pesquisador dinamarquês, fala dessa sociedade na qual "o consumo será muito mais emocional do que racional. E as empresas terão que agregar seus valores e sua história aos produtos se quiserem fisgar o coração do cliente".

É preciso acrescentar mais radicalidade à declaração desse estudioso, que é consultor de gigantes como Nestlé e Procter & Gamble: as organizações terão de divulgar e disponibilizar a sua história se quiserem permanecer na sociedade. Isso depende da compreensão que elas tenham de sua responsabilidade em relação à sua história, que é singular como trajetória e como conhecimento social produzido e que

Relações públicas

deve ser compartilhado com vistas ao desenvolvimento social. Trata-se de um posicionamento e de uma decisão que envolve a valorização das pessoas que as integram, de sua cadeia de riqueza e da sociedade que as abriga, devendo-se entender que as atividades de grande impacto social, econômico, tecnológico e ambiental fazem parte e são produtos de uma grande rede social.

É difícil conceber a existência de indústrias como as do petróleo, da aviação e do automóvel sem um grande investimento econômico e social. Sem esse investimento diuturno por parte da sociedade, empresas como a Petrobras e Embraer não existiriam. Elas trazem esse aspecto social e histórico, o "bra" de Brasil, em suas próprias marcas. Logo, suas histórias as diferenciam e as defendem. Mas, por outro lado, cobram delas, por meio de seus públicos, a responsabilidade em disponibilizar os seus acervos e integrá-los a outros existentes, produzir relatos de sua tecnologia e de seus feitos, coletar histórias de vida de seus protagonistas de todos os níveis hierárquicos. Tudo isso para a formação de paradigmas que valorizem e reforcem a identidade nacional e a autoestima de nossa sociedade, além da contextualização de cada história organizacional dentro da história de cada setor de atividade e do país.

Por fim, os relações-públicas e os comunicadores organizacionais, nesse caso como fortes protagonistas políticos, devem se preocupar, fundamentalmente, em sensibilizar a alta administração das organizações quanto a seu papel institucional diante desse patrimônio social denominado história organizacional, orientando-as quanto às definições e às revisões de seus caminhos.

É mais uma vez o deus Jano, cuja cabeça, em algumas cidades romanas, tinha quatro faces, nos propondo que olhemos simultaneamente para todas as direções.

Bibliografia

AAKER, David A.; KUMAR, V. e DAY, George S. *Pesquisa de marketing*. São Paulo: Atlas, 2001.

AGNELLI, Roger. *Carta aos colaboradores da Vale do Rio Doce*. Rio de Janeiro, 2002.

AMARAL, Luiz. Assessoria de imprensa nos Estados Unidos. In: DUARTE, Jorge (org.). *Assessoria de imprensa e relacionamento com a mídia*. São Paulo: Atlas, 2002.

ANDRADE, Cândido Teobaldo de Souza. *Para entender relações públicas*. (1963). São Paulo: Biblos, 1965.

_____. *Psicossociologia das relações públicas*. São Paulo: Loyola, 1989.

AQUINO, Cleber. *História empresarial vivida*. Vol. I. São Paulo: Gazeta Mercantil, 1986.

_____. *História empresarial vivida*. Vol. II. São Paulo: Gazeta Mercantil, 1987.

_____. *História empresarial vivida*. Vol. III. São Paulo: Gazeta Mercantil, 1987.

Bibliografia

AQUINO, Cleber. *História empresarial vivida*. Vol. IV. São Paulo: Gazeta Mercantil, 1987.

_____. *História empresarial vivida*. Vol. V. São Paulo: Gazeta Mercantil, 1987.

ARENDT, Hannah. *Homens em tempos sombrios*. São Paulo: Companhia das Letras, 1987.

ARÉVALO, Marcia Conceição da Massena. *Lugares de memória ou a prática de preservar o invisível através do concreto*. Disponível em: <http:// www.anpuh.uepg.br/historia-hoje/vol3n7/marcia.htm>. Acesso em: 8 nov. 2006.

AUGÉ, Marc. *Não-lugares: introdução a uma antropologia da supermodernidade*. 7.ed. Campinas: Papirus, 2008.

BAPTISTA, Ana Maria Haddad; PEREIRA, Glaucia Rezende. *Tempo-memória: algumas reflexões. Integração*. Ano XIII, n.51. out./nov./dez. 2007, p.305-308.

BARTHES, Roland. *Aula*. São Paulo: Cultrix, 1971.

BARBOSA, Wilmar do Valle. "Tempos pós-modernos". In: LYOTARD, Jean-François. *O pós-moderno*. 3. ed. Trad. Ricardo Barbosa. Rio de Janeiro: José Olympio, 1988. p. vii-xiii.

BECK, Ulrich. "A reinvenção da política: rumo a uma teoria da modernização reflexiva". In: BECK, Ulrich et al. *Modernização reflexiva: política, tradição, e estética na ordem social moderna*. São Paulo: Editora da Universidade Estadual Paulista, 1997.

BARNUM, Phineas Taylor. *Arte de fazer milhões: aprenda a ganhar dinheiro*. Rio de Janeiro: Edições Mundo Latino, 1942.

Relações públicas

BARQUERO CABRERO, José Daniel. *Comunicación y relaciones públicas: de los orígenes históricos al nuevo enfoque de planificación estratégica.* Madrid: McGraw-Hill, 2002.

BAUDRILLARD, Jean. *Simulacros e simulação.* Lisboa: Relógio d'Água, 1991.

BÉON, Philippe. *Como desenvolver a comunicação na empresa.* Lisboa: Publicações Europa-América, 1992.

BENJAMIN, Walter. "A imagem de Proust". In: BENJAMIN, Walter. *Magia e técnica, arte e política: ensaios sobre literatura e história da cultura.* Obras escolhidas. Vol.1. 2. ed. São Paulo: Brasiliense, 1986, p.36-49.

_____. "Sobre o conceito de História". In: BENJAMIN, Walter. *Magia e técnica, arte e política: ensaios sobre literatura e história da cultura.* Obras escolhidas. Vol.1. 3. ed. São Paulo: Brasiliense, 1987, p.222-234.

BERGSON, Henri. *matéria e memória: ensaio sobre a relação do corpo com o espírito.* São Paulo: Martins Fontes, 1999.

BERNARDES, Roberto Carlos; NASSAR, Paulo. Ajuste de foco. *Revista Comunicação Empresarial,* São Paulo, Aberje, p. 28-31, 1998.

BORGES, J. Luis. "Historie de l'éternité". In: *Oeuvres complètes I.* Paris: Gallimard, 1993.

BOSI, Ecléa. *Lembrança de velhos: memória e sociedade.* São Paulo: T. A. Queiroz, 1979.

BORDIEU, Pierre. *Razões práticas: sobre a teoria da ação.* Campinas: Papirus, 1996.

_____. *O campo científico.* São Paulo: Ática, 1983.

Bibliografia

BORDIEU, Pierre et al. *A profissão de sociólogo: preliminares epistemológicas*. Petrópolis: Vozes, 1999.

BUENO, Wilson da C. *Comunicação empresarial: teoria e pesquisa*. Barueri: Manole, 2003.

BURGUIÈRE, André. *Dicionário das ciências históricas*. Rio de Janeiro: Imago, 1993.

BURKE, Peter (org.). *A escrita da história: novas perspectivas*. São Paulo: Unesp, 1992.

BUSATTO, Cleo. *A arte de contar histórias no século XXI: tradição e ciberespaço*. Petrópolis, RJ: Vozes, 2006.

CAHEN, Roger. *Tudo que seus gurus não lhe contaram sobre comunicação empresarial: a imagem como patrimônio da empresa e ferramenta de marketing*. São Paulo: Best Seller, 1990.

CANFIELD, Bertrand R. *Relações públicas: princípios, casos e problemas*. São Paulo: Pioneira, 1970.

CARR, Edward Hallet. *Que é História?* Rio de Janeiro: Paz e Terra, 2002.

CARR-GOMM, Sarah. *Dicionário de símbolos na arte*. Bauru, SP: Edusc, 2004.

CASTELLANO, Sandra. "50 anos da Pfizer Brasil". In: NASSAR, Paulo (org.). *Memória de empresa: história e comunicação de mãos dadas, a construir o futuro das organizações*. São Paulo: Aberje, 2004.

CASTELLS, Manuel. *A era da informação: economia, sociedade e cultura*. Vol. 1 – A sociedade em rede. Rio de Janeiro: Paz e Terra, 1999.

Relações públicas

CASTILLO ESPARCIA, Antonio. Investigación sobre la evolución histórica de las relaciones públicas. *Revista Historia y Comunicación*, Departamento de Historia de la Comunicación Social de la Facultad de Ciências de la Información de la Universidad Complutense de Madrid, n. 9, 2004.

CHAPARRO, Manuel Carlos. "Jornalismo na fonte". In: *Jornalismo brasileiro: no caminho das transformações*. DINES, Alberto; MALIN, Mauro (orgs.). Brasília: Banco do Brasil, 1996.

_____. "Cem anos de assessoria de imprensa". In: DUARTE, Jorge (org.) *Assessoria de imprensa e relacionamento com a mídia*. São Paulo: Atlas, 2002.

CHARAUDEAU, Patrick. *Discurso das mídias*. São Paulo: Contexto, 2006.

CHAUÍ, Marilena. *Convite à filosofia*. São Paulo: Ática, 1999.

CHERNOW, Ron. *A morte dos banqueiros*. São Paulo: Makron Books, 1999.

CHESNEAUX, Jean. *Devemos fazer tábua rasa do passado? Sobre a história e os historiadores*. Trad. Marcos da Silva. São Paulo: Ática, 1995.

CHIAVENATO, Idalberto. *Introdução à teoria geral da administração*. São Paulo: Makron Books, 1993.

CHILDS, Harwood L. *Relações públicas, propaganda & opinião pública*. Rio de Janeiro: FGV, 1964.

CHINEM, Rivaldo. *Assessoria de imprensa: como fazer*. São Paulo: Summus, 2003.

CIERCO, Agliberto Alves. *Gestão da qualidade*. Rio de Janeiro: FGV, 2003.

Bibliografia

COGO, Rodrigo. Memória através de storytelling: estudando o mundo da dramaturgia organizacional. Aberje. 16 jul. 2010. Disponível em: <*http:// www.aberje.com.br/acervo_colunas_ver.asp?ID_COLUNA=307&ID_ COLUNISTA=18*>. Acesso em: 30 nov. 2011.

COHEN, David. "Saia da pré-história". Entrevista com Paul Thompson. *Revista Exame*, São Paulo, Editora Abril, a. 34, n. 34, p. 14-16, 31 ago. 2000.

COLOMBO, Fausto. *Os arquivos imperfeitos*. São Paulo: Perspectiva, 1991.

CORRADO, Frank M. *A força da comunicação: quem não se comunica...* São Paulo: Makron Books, 1994.

COSTA, Carolina da C. *O resgate da memória empresarial e seus impactos na imagem da empresa: case Centro de Memória Bunge*. 2006. Monografia (Especialização em Gestão Estratégica em Comunicação Organizacional e Relações Públicas) – ECA-USP, São Paulo, 2006.

COSTA, Joan. *Comunicación corporativa y revolución de los servicios.* Madrid: Ediciones de las Ciencias Sociales, 1995.

_____. *La comunicación en acción.* Buenos Aires: Paidós Ibérica, 1999.

_____. *Imagen corporativa en el siglo XXI*. Buenos Aires: La Crujía, 2001.

_____. *DirCom on-line: el master de dirección de comunicación a distancia.* Sopocachi: Grupo Editorial Design, 2004.

CUTILP, Scott M.; CENTER, Allen H. *Relaciones públicas.* Trad. de Manuel e Rosalia Vásquez. 3ª ed. Madrid: Ediciones Rialp, 1963.

DAMANTE, Nara. "Conhece-te a ti mesmo". *Revista Comunicação Empresarial*, São Paulo, Aberje, a. 14, n. 52, p. 28, 3. trim. 2004.

Relações públicas

DINES, Alberto et al. (orgs.). *Estado, mercado e interesse público: a comunicação e os discursos organizacionais.* Brasília: Banco do Brasil, 1999.

DENNING, Stephen. Using stories to spark organizational change. Journal of Storytelling and Business Excellence. International Storytelling Center: Jonesborough, 2002. Disponível em: <http://www.providersedge.com/docs/km_articles/using_stories_to_spark_organizational_change.pdf>. Acesso em: 13 set. 2011.

DOMINGOS, Adenil Alfeu. Storytelling: narrativas midiadas como fenômeno de comunicação institucional. Jornada de Ciências da Saúde e Jornada de Ciências Sociais Aplicadas, III, 2008, Bauru, SP. *Anais...* Bauru, SP: Faculdades Integradas de Bauru, 2008a. Disponível em: < http://www.fibbauru.br/files/Storytelling-%20 narrativas%20mediadas%20como%20fen%C3%B4meno%20 de%20comunica%C3%A7%C3%A3o%20institucional.pdf>. Acesso em: 15 abr. 2010.

_____. Storytelling e Mídia: a narração de histórias construindo o poder político. In: *Encontro da União Latina de Economia Política da Informação, da Comunicação e da Cultura*, II, 2008, Bauru, SP. Digitalização e Sociedade. Bauru,SP: Unesp, 2008b. Disponível em: *<http://www.faac.unesp.br/pesquisa/lecotec/eventos/ulepicc2008/anais/2008_Ulepicc_0392-0409.pdf>*. Acesso em: 15 abr.2010.

DRUCKER, Peter. *Desafios gerenciais para o século XXI.* São Paulo: Pioneira, 1999.

DUARTE, Jorge (org.). *Assessoria de imprensa e relacionamento com a mídia.* São Paulo: Atlas, 2003.

DUPAS, Gilberto. *Atores e poderes na nova ordem global: assimetrias, instabilidades e imperativos de legitimação.* São Paulo: Unesp, 2005.

Bibliografia

FAWTHORP, Tom. *Vietnã luta contra o legado do agente-laranja*. BBC Brasil, 14 jun. 2004.

FENAJ – Federação Nacional dos Jornalistas Profissionais. *Manual de assessoria de imprensa*. São Paulo: Comissão Permanente e Aberta dos Jornalistas de Assessoria de Imprensa do Sindicato dos Jornalistas Profissionais no Estado de São Paulo, 1986.

FERREIRA, Ademir Antonio et al. *Gestão empresarial: de Taylor aos nossos dias*. São Paulo: Pioneira, 1997.

FERREIRA, Marieta de Moraes. *História do tempo presente: desafios*. Cultura Vozes, Petrópolis, v.94, n.3, mai./jun.2000. p.111-124.

_____. *História, tempo presente e história oral*. Topoi, Rio de Janeiro, dez.2002, p. 314-332.

FERRARETO, Luiz Artur; KOPPLIN, Elisa. *Assessoria de imprensa: teoria e prática*. Porto Alegre: Sagra DC Luzatto, 1993.

FERREIRA DE ANDRADE, Rogério. "Institucionalizações e colapsos de sentido nas organizações". In: FERREIRA DE ANDRADE, Rogério (org.). *Terrenos vagos*. Lisboa: Edições Universitárias Lusófonas, 2000.

FLACHSLAND, Cecilia. *Pierre Bordieu y el capital simbólico*. Madrid: Campo de Ideas, 2003.

FLECHA, Fausto Jiram. "Prefácio". In: MATOS, Gislayne Avelar. *Storytelling: líderes narradores de histórias*. Rio de Janeiro: Qualitymark, 2010. p.1-2.

FORTES, Waldyr Gutierrez. *Relações públicas: processo, funções, tecnologias e estratégias*. São Paulo: Summus, 2003.

Relações públicas

GABRIEL, Yiannis. *Storytelling in organizations: facts, fictions, and fantasies*. Oxford: Oxford University Press, 2000.

GAGETE, Elida; TOTINI, Beth. "Memória empresarial: uma análise da sua evolução". In: NASSAR, Paulo (org.). *Memória de empresa: história e comunicação de mãos dadas, a construir o futuro das organizações*. São Paulo: Aberje, 2004.

GIDDENS, Anthony. "A reinvenção da política: rumo a uma teoria da modernização reflexiva". In: BECK, Ulrich; GIDDENS, Anthony; LASH, Scoth. *Modernização reflexiva: política, tradição, e estética na ordem social moderna*. São Paulo: Editora da Universidade Estadual Paulista, 1997.

_____. *O mundo na era da globalização*. Lisboa: Editora Presença, 2000.

GIL, Antonio Carlos. *Como elaborar projetos de pesquisa*. São Paulo: Atlas, 2002.

GLOOR, Leonardo. "Projeto Memória". In: NASSAR, Paulo (org.). *Memória de empresa: história e comunicação de mãos dadas, a construir o futuro das organizações*. São Paulo: Aberje, 2004.

GRUNIG, James. "Public relations and international affairs: effects, ethics and responsibility". *Journal of International Affairs*, New York, v. 47, n. 1, p. 137-162, 2003.

_____. "Gerando a comunicação excelente". *Revista Comunicação Empresarial*, São Paulo, Aberje, a. 8, n. 33, p. 24, 4. trim. 1999.

GRUNIG, James; HUNT, Tod. *Public relations techniques*. Harcourt Brace: Holt, Rinehart and Winston, 1994.

_____. *Managing public relations*. New York: Holt, Rinehart of Winston, 1984.

221

Bibliografia

HALLIDAY, Tereza. "A missão do retor". *Revista Comunicação Empresarial*, São Paulo, Aberje, n. 29, 1998.

_____. *A retórica das multinacionais: a legitimação das organizações pela palavra*. São Paulo: Summus, 1987.

HABERMAS, Jürgen. *Mudança estrutural da esfera pública*. São Paulo: Tempo Brasileiro, 1984a.

_____. *Teoria de la acción comunicativa: racionalidad de la acción y racionalización social*. Vol. 1. Racionalidad de la acción y racionalización social. Madrid: Taurus, 1987.

HERÓDOTO. *Histórias*. Livro I. Trad. portuguesa de José Ribeiro Ferreira e Maria de Fátima Silva, Lisboa: Edições 70, 1994.

HOBSBAWN, Eric. *Sobre história*. São Paulo: Companhia das Letras, 1998.

HORKHEIMER, Max; ADORNO, Theodor. *Dialética do esclarecimento: fragmentos filosóficos*. Rio de Janeiro: Zahar, 1985.

JENSEN, Rolf. "As empresas têm que aprender a sonhar". *IstoÉ Dinheiro*. São Paulo: Editora Três, n. 457, p. 20-22, 21 jun. 2006.

KATZ, Daniel; KAHN, Robert L. *Psicologia social das organizações*. São Paulo: Atlas, 1973.

KLEIN, Naomi. *Sem logo: a tirania das marcas em um planeta vendido*. Rio de Janeiro: Record, 2002.

KOTLER, Philip. *Administração de marketing: análise, planejamento, implementação e controle*. 3. ed. Trad. de Silton Bonfim Brandão. São Paulo: Atlas, 1995.

Relações públicas

KUHN, S. Thomas. *A estrutura das revoluções científicas*. São Paulo: Perspectiva, 1980.

KUNSCH, Margarida M. Krohling. "Planejamento estratégico para a excelência da comunicação". In: KUNSCH, Margarida M. Krohling. *Obtendo resultados com relações públicas*. 2. ed. rev. São Paulo: Pioneira Thomson Learning, 2006. p. 33-52.

_____. *Obtendo resultados com relações públicas*. 2. ed. rev. São Paulo: Pioneira Thomson Learning, 2006.

_____. *Planejamento de relações públicas na comunicação integrada*. 4. ed. São Paulo: Summus, 2003.

_____. *A comunicação organizacional como um campo acadêmico de estudos: análise da situação ibero-americana*. Relatório técnico-científico de pesquisa. São Paulo: ECA-USP/CNPq, 2001.

_____. *Relações públicas e modernidade: novos paradigmas na comunicação organizacional*. São Paulo: Summus, 1997.

KUNSCH, Waldemar Luiz. "Do mercado à academia: as relações públicas em seu primeiro centenário (1996-2006)". *Revista Brasileira de Ciências da Comunicação*, São Paulo, Intercom, v. 29, n. 2, p. 55-88, jul./dez. 2006b.

_____. "De Lee a Bernays, de Lobo a Andrade: a arte e a ciência de relações públicas em seu primeiro centenário (1906-2006)". *Estudos de Jornalismo e Relações Públicas*, São Bernardo do Campo, Fajorp-Umesp, a. 4, n. 7, p. 103-115, jun. 2006a.

LASH, Scoth. "A reinvenção da política: rumo a uma teoria da modernização reflexiva". In: BECK, Ulrich et al. *Modernização reflexiva: política, tradição e estética na ordem social moderna*. São Paulo: Editora da Universidade Estadual Paulista, 1997.

Bibliografia

LANGLOIS, Charles; SEIGNOBOS, Charles. *Introdução aos estudos históricos*. São Paulo: Renascença, 1946.

LE GOFF, Jacques. *História e memória*. Campinas: Unicamp, 2003.

LEDESMA, Cristiane Lima. *A memória empresarial e sua utilização como ferramenta de comunicação: case Espaço Memória do Grupo Pão de Açúcar*. São Paulo, 2006. Monografia (Especialização em Gestão Estratégica em Comunicação Organizacional e Relações Públicas) – ECA-USP.

LESLY, Philip. *Os fundamentos de relações públicas e da comunicação*. São Paulo: Pioneira, 1995.

LEVI, Primo. *Os afogados e sobreviventes*. Rio de Janeiro: Paz e Terra, 2004.

LIMA, Gerson Moreira. *Releasemania. Uma contribuição para o estudo do press-release no Brasil*. São Paulo: Summus, 1985.

LINDON, Denis et. al. *Mercator XXI: teoria e prática de marketing*. Lisboa: Dom Quixote, 2004.

LODI, João Bosco. *A entrevista: teoria e prática*. São Paulo: Pioneira, 1991.

_____. *História da administração*. São Paulo: Pioneira, 1993.

LOPES, Boanerges. *O que é assessoria de imprensa*. São Paulo: Brasiliense, 1994.

LOPES, Maria Immacolata Vassallo de. *Pesquisa em comunicação: formulação de um modelo metodológico*. São Paulo: Loyola, 1990.

LOUREIRO, Simone Porto. "Projeto Memória dos Trabalhadores". In: NASSAR, Paulo (org). *Memória de empresa: história e comunicação de mãos dadas, a construir o futuro das organizações*. São Paulo: Aberje, 2004.

Relações públicas

LOWY, Michael. "A filosofia da história de Walter Benjamin". *Estudos Avançados*. São Paulo, v. 16, n. 45, ago. 2002. Disponível em <http://www.scielo.br/scielo.php?script=sci_arttext&pid=S0103--40142002000200013&lng=en&nrm=iso>. Acesso em 21 jan. 2011.

MACHADO, Regina. *Acordais: fundamentos teórico-poéticos da arte de contar histórias*. São Paulo: Difusão Cultural do Livro, 2004.

MAFEI, Maristela. *Assessoria de imprensa: como se relacionar com a mídia*. São Paulo: Contexto, 2004.

MAGALHÃES, Celso. *Relações públicas e relações humanas*. Rio de Janeiro: IBGE, 1970.

MARCIANO, Francesca. *Casa rossa*. Rio de Janeiro: Record, 2002.

MARCOVITCH, J. *Pioneiros e Empreendedores: a saga do desenvolvimento no Brasil*. vol.I. São Paulo: Edusp, 2003.

_____. *Pioneiros e Empreendedores: a saga do desenvolvimento no Brasil*. vol.II. São Paulo: Edusp/Saraiva, 2005.

_____. *Pioneiros e Empreendedores: a saga do desenvolvimento no Brasil*. vol.III. São Paulo: Edusp/Saraiva, 2007.

MATOS, Gislayne Avelar. *Storytelling: líderes narradores de histórias*. Rio de Janeiro: Qualitymark, 2010.

MATTAR, Fauze N. *Pesquisa de marketing*. Edição compacta. 2. ed. São Paulo: Atlas, 2000.

MAXIMIANO, Antonio Cesar Amaru. *Teoria geral da administração: da revolução urbana à revolução digital*. São Paulo: Atlas, 2002.

Bibliografia

MEIHY, José Carlos Sebe Bom. "Memória, história oral e história. Oralidades", São Paulo: *Revista do Núcleo de Estudos em História Oral da USP*, n.8, p.179-191, jul./dez. 2010.

MESTIERI, Carlos Eduardo. *Relações públicas: arte de harmonizar expectativas*. São Paulo: Aberje, 2004.

MESTIERI, Carlos Eduardo; MELO, Waltemir. "Pesquisas em relações públicas: auditoria de opinião". In: KUNSCH, Margarida M. Krohling (coord.). *Obtendo resultados com relações públicas*. 2. ed. rev. São Paulo: Thomson, 2006.

MORGAN, Gareth. *Imagens da organização*. São Paulo: Atlas, 1996.

MORLEY, M. *How to manage your global reputation*. New York: New York University Press, 2002.

MOURA, Cláudia Peixoto de. *O curso de comunicação social no Brasil: do currículo mínimo às novas diretrizes curriculares*. Porto Alegre: Edipucrs, 2002.

MOURA, Cláudia Peixoto de; SCROFERNEKER, Cleusa Maria de Andrade. "Relações públicas: função política e a administração de conflitos/controvérsias nas organizações". In: CORRÊA, Tupã Gomes; FREITAS, Sidinéia Gomes (orgs.). *Comunicação, marketing, cultura: sentidos da administração, do trabalho e do consumo*. São Paulo: ECA-USP/CLC, 1999.

NASSAR, Paulo. "Nariz de Pinóquio: verdade ou mentira?" *Revista Imprensa*, São Paulo, a. 19, n. 209, p. 87, jan./fev. 2006a.

_____. "O uso das novas tecnologias de acesso ao virtual". In: KUNSCH, Margarida M. Krohling (coord.*)*. 2. ed. rev. *Obtendo resultados com relações públicas*. São Paulo: Thomson, 2006b.

Relações públicas

_____. "A comunicação com pensamento". In: NASSAR, Paulo (org.). *Comunicação empresarial: estratégia de organizações vencedoras*. Vol. 1. São Paulo: Aberje, 2005.

_____. "Viva a mestiçagem". *Meio & Mensagem* – edição especial. São Paulo, p. 8, 8 nov. 2004a.

_____. "Tempos modernos nas relações públicas e na assessoria de imprensa". In: LOPES, Boanerges; VIEIRA, Roberto Fonseca (orgs.). *Jornalismo e relações públicas: ação e reação*. Rio de Janeiro: Mauad, 2004b.

_____. "Comunicação organizacional e as novas relações públicas". In: DINES, Alberto et al. (orgs.). *Estado, mercado e interesse público: a comunicação e os discursos organizacionais*. Brasília: Banco do Brasil, 1999a.

_____. "História e comunicação empresarial". *Revista Comunicação Empresarial*, São Paulo, a. 8, n. 31, p. 36, 2. trim. 1999b.

_____. *Comunicação organizacional*. (Apostila para o MBA da Boston School). São Paulo: Boston School, 2000.

_____. *Comunicação e organizações brasileiras nos anos 1970*. Dissertação (Mestrado em Ciências da Comunicação) – ECA-USP, 2001.

_____ (org.). *Comunicação interna: a força das empresas*. Vol. 1. São Paulo: Aberje, 2003.

_____. Reputação é memória. Terra. 12 nov. 2006c. Disponível em: <*http://terramagazine.terra.com.br/interna/0,,OI1243291-EI6786,00. html*>. Acesso em: 22 fev. 2010.

_____. A história da Volks está sendo esquecida. Terra. 3 set. 2006d. Disponível em: <*http://terramagazine.terra.com.br/interna/0,,OI1119479- -EI6786,00.html*>. Acesso em: 22 fev. 2010.

227

Bibliografia

NASSAR, Paulo. Entre a produção e o prazer, a história. Terra. 21 jul. 2007a. Disponível em: <*http://terramagazine.terra.com.br/interna/0,,OI1774185-EI6786,00-Entre+a+producao+e+o+prazer+a+historia.html*>. Acesso em: 22 jul. 2009.

_____. A mãe de todas as responsabilidades. Terra. 17 ago. 2007b. Disponível em: <*http://terramagazine.terra.com.br/interna/0,,OI1837029-EI6786,00--A+mae+de+todas+as+responsabilidades.html*>. Acesso em: 1 dez. 2011.

_____. Uma bolsa na história. Terra. 13 out. 2007c. Disponível em: <*http://terramagazine.terra.com.br/interna/0,,OI1985279-EI6786,00--Uma+bolsa+na+historia.html*>. Acesso em: 7 dez. 2011.

_____. "A mensagem como centro da rede de relacionamentos". In: FELICE, Massimo Di (org.). *Do público para as redes: a comunicação digital e as novas formas de participação social*. São Caetano do Sul: Difusão, 2008a, p.191-201.

_____. Da vaga lembrança. Terra. 20 dez. 2008b. Disponível em: <*http://terramagazine.terra.com.br/interna/0,,OI3404405-EI6786,00--Da+vaga+lembranca.html*>. Acesso em: 2 dez. 2011.

_____. "História e memória organizacional como interfaces das relações públicas". In: KUNSCH, Margarida M. Krohling (Org.). *Relações Públicas – história, teorias e estratégias nas organizações contemporâneas*. São Paulo: Saraiva, 2009a. p.291-306.

_____. Para a história não virar ruína. Terra. 25 abr. 2009b. Disponível em: <*http://terramagazine.terra.com.br/interna/0,,OI3724335--EI6786,00-Para+a+historia+nao+virar+ruina.html*>. Acesso em: 4 dez. 2011.

_____. Liberdade para o net-jornalismo. *MSG*, revista de comunicação e cultura. n.6. a.1, São Paulo: Lazuli/Aberje. 2010a, p.20-21.

NASSAR, Paulo. A Toyota, o tempo e a reputação. Terra. 27 fev.. 2010b. Disponível em: <*http://terramagazine.terra.com.br/interna/0,,OI4290837-
-EI6786,00-A+Toyota+o+tempo+e+a+reputacao.html*>. Acesso em: 3 dez. 2011.

_____. O profissional de Relações Públicas no ambiente corporativo global. Aberje. 26 jul. 2010c. Disponível em: <*http://aberje.com.br/acervo_colunas_ver.asp?ID_COLUNA=314&ID_COLUNISTA=28*>. Acesso em: 9 dez. 2011.

_____. Os lugares da memória. Terra. 30 out. 2010d. Disponível em: <*http://terramagazine.terra.com.br/interna/0,,OI4762440-EI6786,00-
-Os+lugares+de+memoria.html*>. Acesso em: 3 dez. 2011.

_____. O Panopticon no oculista. Terra. 5 ago. 2011a. Disponível em: <*http://terramagazine.terra.com.br/interna/0,,OI5282470-EI6786,00-
-O+Panopticon+no+oculista.html*>. Acesso em: 5 dez. 2011.

_____. O que narrar?. Terra. 20 ago. 2011b. Disponível em: <*http://terramagazine.terra.com.br/interna/0,,OI5305446-EI6786,00-
-O+que+narrar.html*>. Acesso em: 7 dez. 2011.

_____. Além da sustentabilidade. Terra. 19 fev. 2011c. Disponível em: <*http://terramagazine.terra.com.br/interna/0,,OI4952828-EI6786,00-
-Alem+da+sustentabilidade.html*>. Acesso em: 7 dez. 2011.

_____. "História e memória empresariais: da tradição à inovação". In: ALMEIDA, Juniele Rabêlo de; ROVAI, Marta Gouveia de Oliveira (Orgs.). *Introdução à história pública*. São Paulo: Letra e Voz, 2011d. p.137-141.

NASSAR, Paulo; BERNARDES, Roberto Carlos. "Ajuste de foco". *Revista Comunicação Empresarial*, São Paulo, Aberje, p. 28-31, 1998.

NASSAR, Paulo e DAMANTE, Nara. "Gerando a comunicação excelente. (Entrevista com James Grunig)". *Revista Comunicação Empresarial*, São Paulo, Aberje, a. VIII, n. 33, p. 21-24, 4. trim. 1999.

Bibliografia

NASSAR, Paulo et al. Memórias ecanas e o resgate da propaganda. In: AQUINI, Victor (org.). *A USP e a invenção da propaganda: 40 anos depois*. São Paulo: Fundac, 2010. p. 331-336.

NEVES, Roberto Castro. *Comunicação empresarial integrada*. Rio de Janeiro: Mauad, 2000.

NORA, Pierre. "Entre memória e história: a problemática dos lugares". Trad. Yara Khoury. *Projeto História*, São Paulo: Revista do Programa de Estudos Pós-Graduados em História e do Departamento de História da PUC/SP, n.10, p.7-28, dez. 1993.

NOVAIS, Fernando. "História esmigalhada". (10 de julho, 2011). São Paulo: Ilustríssima, *Folha de S.Paulo*. p. 4. Entrevista concedida a Eleonora de Lucena.

NÚÑEZ, Antonio. *É melhor contar tudo: o poder da sedução das histórias no mundo empresarial e pessoal*. Trad. Marylene Michael. São Paulo: Nobel, 2009.

OLIVEIRA Valeska Fortes de et. al. *O oral e a fotografia na pesquisa com professores*. Disponível em: <http://www.ufsm.br/gepeis/oral.htm>. Acesso em: 8 nov. 2006.

PASSERON, Jean-Claude. "Morte de um amigo, fim de um pensador". In: ENCREVÉ, Pierre; LAGRAVE, Rose-Marie (orgs.). *Trabalhar com Bourdieu*. Rio de Janeiro: Bertrand Brasil, 2005.

PEREIRA, Andréia et al. Storytelling imersivo colaborativo: Time2Play no Second Life. Simpósio Brasileiro de Sistemas Colaborativos, VI, 2009. Fortaleza. *Anais...* Fortaleza: Ed. IEEE-CS. out. 2009. p.99-105. Disponível em: <http://groupware.les.inf.puc-rio.br/groupware/publicacoes/SBSC09_Time2Play_Final1.pdf>. Acesso em: 20 abr. 2010.

Relações públicas

PEREIRA, Flávia Borges. "Depoimento". In: DAMANTE, Nara. Conhece-te a ti mesmo. *Revista Comunicação Empresarial*, São Paulo, Aberje, a. 14, n. 52, p. 28, 3. trim. 2004.

PERUZZO, Cicilia. *Relações públicas no modo de produção capitalista.* São Paulo: Summus, 1986.

POCHMANN, Márcio. "Políticas de responsabilidade social: favorecendo a inclusão ou aprofundando a desigualdade". In: DINES, Alberto (org.). *Um mundo em mudanças: o espelho da mídia.* Brasília: Banco do Brasil, 2003.

POLLAK, Michael. *Memória e identidade social.* Estudos Históricos, Rio de Janeiro, vol.5, n.10, p. 200-212, 1992.

PROUST, Marcel. *No caminho de Swann: à sombra das moças em flor.* Rio de Janeiro: Ediouro, 2002.

PUTNAM, Linda. "Organizações e seus aspectos sutis". *Organicom* – Revista Brasileira de Comunicação Organizacional e Relações Públicas. São Paulo: Escola de Comunicações e Artes da USP. a.5, n.9, p. 218-226, 2º sem. 2008.

QUEIROZ, Maria Isaura Pereira. *Variações sobre a técnica de gravador no registro da informação viva.* São Paulo: T. A. Queiroz, 1982.

RODRIGUES, Amélia. "Entrevista com Paulo Nassar". *Ser Natura Colaborador*, São Paulo, Natura/Plural OG Comunicação Empresarial, a. V, n. 66, set. 2006.

RUSSEL, Maria. *Tendencies in international corporate communications.* São Paulo: Aberje/Syracuse University, 2006.

SALLES, Mauro. "Apontamentos sobre a imagem do Brasil". In: PERISCINOTO, Alex et. al. *Estudos Aberje – 1.* São Paulo: Aberje, 1998.

Bibliografia

SALMON, Christian. *Storytelling: la machine à fabriquer des histoires et à formatter les esprits.* Paris: La Découverte, 2008.

SANTAELLA, Lúcia. *Comunicação e pesquisa: projetos para mestrado e doutorado.* São Paulo: Hacker Editores, 2002.

SANTO AGOSTINHO. *Confissões.* São Paulo: Paulus, 1984.

SANTOS, J. Moreira dos. *Imprensa empresarial: da informação à comunicação.* Porto/Portugal: Asa, 1995.

SANTOS, Milton. *A natureza do espaço: técnica e tempo, razão e emoção.* São Paulo: Hucitec, 1996.

SCHMIDT, Flávio. "O mercado e as agências de comunicação". In: KUNSCH, Margarida M. Krohling (coord.). *Obtendo resultados com relações públicas.* 2. ed. rev. São Paulo: Thomson, 2006.

SCHNABEL, Maria. *Managing the international corporate communications function.* São Paulo: Aberje/Syracuse University.

SEIXAS, Jacy Alves de. "Percursos de memórias em terra de história: problemáticas atuais". In: BRESCIANI, S.; NAXARA, M. (orgs.) *Memória e (res)sentimento.* Campinas: Unicamp, 2001.

SILVA, Reinaldo Oliveira da. *Teorias da administração.* São Paulo: Pioneira Thomson Learning, 2004.

SIMÕES, Roberto Porto. *Relações públicas e micropolítica.* São Paulo: Summus, 2001.

_____. *Relações públicas: função política.* 3. ed. São Paulo: Summus, 1995.

SIMON, Raymond. *Relaciones públicas: teoría y práctica.* México: Limusa, 1999.

Relações públicas

SOUSA, Mauro Wilton de. "História empresarial mediadora do futuro". In: NASSAR, Paulo (org.). *Memória de empresa: história e comunicação de mãos dadas, a construir o futuro das organizações*. São Paulo: Aberje, 2004.

SOUZA, Jorge Pedro. *Planificando a comunicação em relações públicas*. Florianópolis: Letras Contemporâneas, 2004.

STIER, Cida. "A comunicação através dos tempos". In: KYRILLOS, Leny Rodrigues (org.). *Expressividade: da teoria à prática*. Rio de Janeiro: Revinter, 2005.

TELEFÓNICA. "De fone no ouvido". *Revista Comunicação Empresarial*, São Paulo, Aberje, a 8, n. 31, p. 21, 2. trim. 1999.

TENÓRIO, Fernando G. *Flexibilização organizacional: mito ou realidade?* Rio de Janeiro: FGV, 2002.

TERRA, José Cláudio. "Storytelling como ferramenta de gestão". In: *Biblioteca Terra Fórum*. São Paulo, (s.d.). Disponível em: <http://www.terraforum.com.br/biblioteca/Documents/Storytelling%20como%20ferramenta%20de%20gest%C3%A3o.pdf>. Acesso em: 21 mai.2010.

THOMPSON, Paul. *A voz do passado: história oral*. Rio de Janeiro: Paz e Terra, 1992.

THOMSON, Oliver. *História da Propaganda*. Lisboa: Temas e Debates, 2000.

TOFFLER, Alvin. *A terceira onda*. Rio de Janeiro: Record, 1980.

TOLEDO, Celeste Janete de. *A memória empresarial como ferramenta de comunicação: case Corn Products Brasil*. São Paulo, 2004. Monografia (Especialização em Gestão Estratégica em Comunicação Organizacional e Relações Públicas) – ECA-USP.

Bibliografia

TORELLI, Lygia R. Testa. *O profissional ideal de relações públicas*. 2004. 200 fl. Monografia (TCC de Conclusão de Curso) – ECA-USP, São Paulo, 2004.

TORQUATO, Gaudêncio. "A evolução de uma ferramenta estratégica". In: PERISCINOTO, Alex et. al. *Estudos Aberje*. São Paulo: Aberje, 1998.

_____. *Jornalismo empresarial*. São Paulo: Summus, 1984.

TOSCANI, Oliviero. *A publicidade é um cadáver que nos sorri*. Rio de Janeiro: Ediouro, 1996.

TRAGTEMBERG, Maurício. *Administração, poder e ideologia*. São Paulo: Cortez, 1980.

VALENTE, Célia; NORI, Walter. *Portas abertas. A experiência da Rhodia: novos caminhos da comunicação social na empresa moderna*. São Paulo: Best Seller, 1990.

VAN RIEL, Cees B. M. *Comunicación corporativa*. Madrid: Prentice Hall, 1997.

VERISSIMO, Jorge. *A publicidade da Benetton: um discurso sobre o real*. Coimbra: Minerva, 2001.

VIANA, Francisco. *Comunicação empresarial de A a Z: temas úteis para o cotidiano e o planejamento estratégico*. São Paulo: Editora CLA, 2004.

VILLAFAÑE, Justo. *Imagen positiva: gestión estratégica de la imagen de las empresas*. Madrid: Parámide, 2000.

VERNANT, Jean Pierre. *O universo, os deuses, os homens*. São Paulo: Companhia das Letras, 2000.

Relações públicas

VEYNES, Paul. *Como se escreve a história*. Lisboa: Edições 70, 1983.

VICENTE, Luiz A. Rico. "Da idade da pedra à administração por processos". *Revista Brasileira Comunicação Empresarial*, São Paulo, Aberje, a. 9, n. 33, p. 32-33, 4º trim. 1999.

VIDAL, J. D. "A tecnologia e as profissões em extinção". In: NASSAR, Paulo (org). *Memória de empresa: história e comunicação de mãos dadas, a construir o futuro das organizações*. São Paulo: Aberje, 2004.

VILLAFAÑE, Justo. *Imagen positiva: gestión estratégica de la imagen de las empresas*. Madrid: Parámide, 2000.

WAKEFIELD, Robert I. *Effective public relations in the multinational organization*. Thousand Oaks: Sage, 2001.

WEIL, Simone. *O enraizamento*. Bauru: EDUSC, 2001.

WEY, Hebe. *O processo de relações públicas*. São Paulo: Summus, 1986.

WHITE, Hayden. *Trópicos do discurso: ensaios sobre a crítica da cultura*. São Paulo: EDUSP, 2001.

WILCOX, Dennis L. et al. *Public relations strategies and tatics*. New York: Harper-Collins College Publishers, 2001.

WORCMAN, Karen. "Memória do futuro: um desafio". In: NASSAR, Paulo (org). *Memória de empresa: história e comunicação de mãos dadas, a construir o futuro das organizações*. São Paulo: Aberje, 2004.

XIFRA, Jordi. *Teoría y estructura de las relaciones públicas*. Madrid: McGraw-Hill, 2003.

ZANETTI, Eloi. "Muito trovão e pouca chuva: o bom-mocismo no

Bibliografia

marketing social". In: DINES, Alberto (org.). *Um mundo em mudanças: o espelho da mídia.* Brasília: Banco do Brasil, 2004.

ZAOUAL, Hassan. *Globalização e diversidade cultural.* São Paulo: Cortez, 2003.

ZUMTHOR, Paul. *Introdução à poesia oral.* São Paulo: Hucitec, 1997.

Impresso na Sermograf Artes Gráficas e Editora Ltda.
Rua São Sebastião, 199 – Petrópolis – RJ

Maio de 2012